ERSTE AUSGABE - Veröffentlicht 2022

Extra Grafikmaterial von: www.freepik.com
Dank an: Alekksall, Starline, Pch.vector, Rawpixel.com, Vectorpocket, Dgim-studio, Upklyak, Macrovector, Stockgiu, Pikisuperstar & Freepik.com Designers

5 TIPPS FÜR DEN ANFANG!

1) LÖSUNG DER RÄTSEL

Die Puzzles haben ein klassisches Format :

- Die Wörter sind ohne Abstand, Bindetrich usw… versteckt
- Richtung : vor-& rückwärts, auf & ab oder in der Diagonale (beider Richtungen)
- Die Wörter können übereinanderliegen oder sich kreuzen

2) AKTIVES LERNEN

Neben jedem Wort ist ein Abstand vorgesehen zum Aufschreiben der Übersetzung. Um ihre Kenntnisse zu überprüfen und zu erweitern befindet sich am Ende des Buches ein **WÖRTERBUCH**. Suchen sie die Übersetzungen, schreiben sie sie auf, dann können sie sie in den. Puzzles suchen und ihrem Wortschatz hinzufügen.

3) ANZEICHNUNG DER WÖRTER

Haben sie schon einmal versucht eine Anzeichnung zu verwenden? Sie könnten zum Beispiel die Wörter, die schwer zu finden sind, ankreuzen, die Wörter, die sie lieben, mit einem Stern, neue Wörter mit einem Dreieck, seltene Wörter mit einem Diamant usw … anzeichnen

4) IHR LERNEN ORGANISIEREN

Am Ende dieser Ausgabe bieten wir auch ein praktisches **NOTIZBUCH** an. Ob im Urlaub, auf Reisen oder zu Hause, sie können ihr neues Wissen ganz einfach organisieren, ohne ein zweites Notizbuch zu benötigen!

5) SIND SIE AM SCHLUSS ?

Gehen sie zum Bonusbereich : **MONSTER-HERAUSFÖRDERUNG,** um ein kostenloses Spiel zu finden, das am Ende dieser Ausgabe angeboten wird !

Lust auf mehr Spaß und **Lernaktivitäten? Schnell und einfach :** eine ganze Spielbuchsammlung mit einem einzigen Klick erhaltbar :

Mit diesem Link finden sie ihre nächste Herausforderung :

BestActivityBooks.com/MeineNachsteWortsuche

Achtung, fertig, ... Los !!

Wussten sie, dass es auf der Welt ungefähr 7.000 verschiedene Sprachen gibt ? Wörter sind kostbar.

Wie lieben Sprachen und haben schwer daran gearbeitet, die Bücher von höchster Qualität für sie zu entwerfen. Unsere Zutaten ?

Eine Auswahl von angepassten Lernthemen, drei große Scheiben Spaß, dann fügen wir einen Löffel schwieriger Wörter und eine Prise seltener Wörter hinzu. Wir servieren sie mit Sorgfalt und ein Maximum an Freude, damit sie die besten Wortspiele lösen und Spaß am Lernen haben.

Ihre Meinung ist wichtig. Sie können aktiv zum Erfolg dieses Buches beitragen, indem sie uns eine Bemerkung hinterlassen. Sagen sie uns, was ihnen an dieser Ausgabe am besten gefallen hat !!

Hier ist ein kurzer Link, der sie zu ihrer Bewertungsseite führt

BestBooksActivity.com/Rezension50

Vielen Dank für ihre Hilfe und viel Spaß

Linguas Classics

1 - Gesundheit und Wellness #2

```
Ł  Z  J  R  W  I  T  A  M  I  N  A  V  A
D  V  I  Y  S  S  P  O  R  T  Y  S  Y  P
X  E  K  Z  Z  S  G  C  J  D  H  U  H  E
P  O  R  Y  P  Ł  A  K  H  I  C  D  D  T
N  I  E  K  I  I  Y  Y  W  O  R  D  Z  Y
O  F  W  A  T  E  I  D  H  P  R  H  Y  T
C  U  L  I  A  I  G  R  E  N  E  O  J  G
A  I  R  O  L  A  K  Q  P  S  Q  Z  B  N
G  L  G  E  N  E  T  Y  K  A  E  E  S  A
A  N  E  I  G  I  H  C  W  M  O  N  T  R
W  K  D  R  U  U  G  D  V  F  C  T  R  N
Z  B  W  G  G  N  A  M  A  S  A  Ż  E  N
D  N  L  O  A  I  M  O  T  A  N  A  S  W
M  Y  S  X  U  J  A  J  C  K  E  F  N  I
```

ALERGIA	INFEKCJA
ANATOMIA	KALORIA
APETYT	SZPITAL
KREW	CHOROBA
DIETA	MASAŻ
ENERGIA	RYZYKA
GENETYKA	SEN
ZDROWY	SPORTY
WAGA	STRES
HIGIENA	WITAMINA

2 - Ozean

```
F  A  L  E  O  Ś  M  I  O  R  N  I  C  A
X  W  J  Z  K  L  Z  M  L  Ź  D  Ó  Ł  Z
K  O  R  A  L  B  Y  R  O  L  E  I  W  U
A  Q  J  E  T  D  Ł  S  R  T  L  Ł  R  D
G  Ą  B  K  A  U  K  R  A  B  F  Z  K  E
Y  R  Z  Z  M  S  Ń  T  Z  A  I  L  K  M
R  W  E  F  X  F  T  C  B  M  N  B  V  M
T  N  W  Ł  Ó  Ż  B  T  Z  K  I  U  K  H
S  W  S  Ę  W  C  L  D  I  Y  P  R  S  H
O  Y  U  T  G  V  O  V  T  R  K  Z  L  D
R  E  K  I  N  O  L  L  B  A  X  A  J  H
P  Ł  Y  W  Y  R  R  W  Z  F  H  P  U  O
O  R  Y  B  A  H  M  Z  R  A  S  F  P  K
S  Ó  L  K  R  E  W  E  T  K  A  U  R  O
```

WĘGORZ	OŚMIORNICA
OSTRYGA	MEDUZA
ŁÓDŹ	RAFA
DELFIN	SÓL
RYBA	ŻÓŁW
KREWETKA	GĄBKA
PŁYWY	BURZA
REKIN	TUŃCZYK
KORAL	WIELORYB
KRAB	FALE

3 - Meditation

```
Y  N  Z  C  I  H  C  Y  S  P  N  W  H  P
C  I  S  Z  A  X  M  N  V  R  A  S  Ż  E
S  U  W  A  G  A  U  A  A  Z  U  P  Y  R
S  P  Ł  B  Q  J  Z  T  H  E  K  Ó  C  S
C  Z  O  X  N  Y  Y  U  G  J  I  Ł  Z  P
G  K  C  K  Q  Z  K  R  B  R  U  C  L  E
M  O  U  Z  Ó  P  A  A  Y  Z  I  Z  I  K
F  E  D  C  Ę  J  N  Ł  S  Y  M  U  W  T
S  S  I  I  L  Ś  Y  M  G  S  N  C  O  Y
P  O  K  Ó  J  G  C  R  O  T  V  I  Ś  W
R  U  C  H  T  Y  X  I  S  O  G  E  Ć  A
O  B  U  D  Z  I  Ć  W  E  Ś  U  Z  R  V
O  D  D  E  C  H  O  W  Y  Ć  T  Q  J  O
W  D  Z  I  Ę  C  Z  N  O  Ś  Ć  L  R  Ł
```

ODDECHOWY	NAUKI
UWAGA	WSPÓŁCZUCIE
RUCH	MUZYKA
WDZIĘCZNOŚĆ	NATURA
ŻYCZLIWOŚĆ	PERSPEKTYWA
POKÓJ	SPOKÓJ
MYŚLI	CISZA
PSYCHICZNY	UMYSŁ
SZCZĘŚCIE	OBUDZIĆ
PRZEJRZYSTOŚĆ	

4 - Archäologie

```
O H H V L G T R E P S K E S
C C S G O R O S E F O R P T
Z W E D R B O P C L I C K A
O E Y N A N Z E I N I D O R
X P Q V A Z I L A N A K I O
G R O B O W I E C Ś F O T Ż
A Z A G A D K A T W E B K Y
T N P O T O M E K I R I O T
B Y T Z E S P Ó Ł Ą A E Ś N
A Z F Y Z C Ł A E T Z K C Y
D V X L K U B C Y Y Z T I R
A L O V L J P H B N O Y D S
C Ć Ś O Ł A I N E I M A K S
Z Y N A I N M O P A Z S E G
```

ANALIZA	ZESPÓŁ
ANTYK	POTOMEK
OCENA	OBIEKTY
ERA	PROFESOR
EKSPERT	RELIKT
BADACZ	ŚWIĄTYNIA
SKAMIENIAŁOŚĆ	NIEZNANY
ZAGADKA	STAROŻYTNY
GROBOWIEC	ZAPOMNIANY
KOŚCI	

5 - Insekten

```
M  C  B  M  M  Q  T  Z  O  Y  E  O  S  C
Y  H  I  R  G  O  W  A  Ż  K  A  Z  Z  F
O  R  E  Ó  H  Ł  T  I  U  X  S  W  E  K
P  Z  D  W  H  L  I  Y  H  Ł  O  K  R  O
U  Ą  R  K  R  V  M  R  L  N  C  O  S  N
R  S  O  A  M  Ć  R  L  A  R  W  A  Z  I
O  Z  N  C  P  C  E  K  O  M  A  R  E  K
B  C  K  Y  J  S  T  E  E  I  Y  L  Ń  P
A  Z  A  Z  A  K  Z  S  I  L  D  O  M  O
K  Z  P  S  K  S  E  C  B  T  O  N  G  L
S  G  C  M  B  E  L  A  Z  S  B  H  J  N
V  X  H  C  Y  K  A  D  A  O  H  K  X  Y
P  X  Ł  H  E  P  P  H  D  I  Ł  U  S  A
N  F  A  K  A  R  A  L  U  C  H  A  I  S
```

MRÓWKA	WAŻKA
PSZCZOŁA	BIEDRONKA
MSZYCA	ĆMA
PCHŁA	KOMAR
MODLISZKA	MOTYL
KONIK POLNY	TERMIT
SZERSZEŃ	OSA
KARALUCH	ROBAK
CHRZĄSZCZ	CYKADA
LARWA	

6 - Gesundheit und Wellness #1

```
L E K A R Z H R W K B J P Z
W U Y X Ł W F O E E Y P Q Ł
U H W I W Ł N F R L J F G A
Q X A S K Ó R A F M A Ł G M
M M N T E R A P I A O K S A
M E D Y C Y N A N F J N S N
B A K T E R I A V K T O Y I
I D W Ł K A P T E K A D N E
L I R M E D Y C Z N Y R W U
I Q I Ł J J Ó D H S P U Y Q
K L I N I K A Ł P U C C T B
W Y S O K O Ś Ć G R X H K H
N E R W Y K O Ś C I B O A G
Ł E C Z E N I E H W P T D U
```

AKTYWNY	WYSOKOŚĆ
APTEKA	GŁÓD
LEKARZ	KLINIKA
BAKTERIA	KOŚCI
LECZENIE	MEDYCYNA
RELAKS	MEDYCZNY
ZŁAMANIE	NERWY
NAWYK	ODRUCH
SKÓRA	TERAPIA
HORMONY	WIRUS

7 - Obst

```
P  P  O  M  A  R  A  Ń  C  Z  O  W  Y  M
A  A  K  N  D  N  E  K  T  A  R  Y  N  A
P  W  Ł  O  O  L  O  P  K  L  W  Ś  U  N
A  O  B  L  G  R  N  Z  I  E  I  L  B  Y
J  K  A  E  A  Q  G  N  W  R  Ś  I  I  Ż
A  A  J  M  J  B  G  O  I  O  N  W  X  E
N  D  W  F  A  Q  R  Ł  N  M  I  K  N  J
Y  O  A  B  B  V  U  X  A  I  A  A  D  M
R  E  N  U  P  Q  S  E  N  P  W  I  I  Ł
T  L  A  K  U  H  Z  M  A  L  I  N  A  F
Y  E  N  Ł  O  X  K  D  B  T  D  O  H  D
C  B  A  Q  D  K  A  G  B  P  C  B  M  O
N  D  S  M  C  T  O  H  S  F  D  T  U  P
I  A  I  N  I  W  K  S  O  Z  R  B  E  Z
```

ANANAS	KIWI
JABŁKO	KOKOS
MORELA	MELON
AWOKADO	NEKTARYNA
BANAN	POMARAŃCZOWY
JAGODA	PAPAJA
GRUSZKA	BRZOSKWINIA
JEŻYNA	ŚLIWKA
MALINA	WINOGRONO
WIŚNIA	CYTRYNA

8 - Universum

```
W U M W K I N W Ó R X P A N
P S Q K I O B E I N M T S I
Q H B O S D S E U I K X T E
V D G F P I O M U C B U R B
Z O D I A K Ę C I Q J J O I
P Ó Ł K U L A Ż Z C W L N A
T E L E S K O P Y N Z C O Ń
E I Ć Ś O N M E I C Y N M S
O H O R Y Z O N T V Z U Y K
N A T M O S F E R A K L G I
G A L A K T Y K A T I B R O
S Ł O N E C Z N Y A Y S P Q
A S T E R O I D A H Ł H Z O
P R Z E S I L E N I E V Ł I
```

ASTEROIDA
ASTRONOM
ATMOSFERA
EON
RÓWNIK
CIEMNOŚĆ
GALAKTYKA
PÓŁKULA
NIEBO
NIEBIAŃSKI

HORYZONT
KOSMICZNY
KSIĘŻYC
ORBITA
WIDOCZNY
SŁONECZNY
PRZESILENIE
TELESKOP
ZODIAK

9 - Camping

```
M  P  K  I  H  L  N  X  M  H  O  N  X  D
T  O  A  A  Z  O  W  A  D  A  R  Ó  G  R
T  L  J  L  Ł  W  D  Y  S  N  P  T  G  F
C  O  A  S  H  G  I  I  I  I  Y  A  P  U
Y  W  K  E  O  X  J  E  Q  L  B  V  W  Z
Ż  A  W  A  B  A  Z  A  R  U  T  A  N  L
Ę  N  K  A  B  I  N  A  H  Z  D  X  N  A
I  I  U  R  H  T  Z  D  A  O  Ą  N  A  T
S  E  T  V  J  E  H  K  M  R  X  T  M  A
K  A  P  E  L  U  S  Z  A  O  O  N  I  R
P  U  F  Y  T  F  A  L  K  I  G  W  O  N
E  Ł  Y  B  G  Ł  L  M  W  Z  R  I  T  I
P  R  Z  Y  G  O  D  A  Y  E  Y  O  E  A
K  O  M  P  A  S  U  Ł  M  J  I  F  I  Ń
```

PRZYGODA
GÓRA
OGIEŃ
HAMAK
KAPELUSZ
OWAD
POLOWANIE
KABINA
KAJAK
MAPA

KOMPAS
LATARNIA
KSIĘŻYC
NATURA
JEZIORO
LINA
ZABAWA
ZWIERZĄT
LAS
NAMIOT

10 - Zeit

```
D E Z R P D I G M I D W T I
U Z X A C Z R O I V E M Ł W
J A I N Y I K D N I O I D A
G R P S E E C Z W A Ł E E E
U E N D I Ń P I C K R S K E
K T T T N A U N Z F Z I A T
A V Y Z D T J A O Z B Ą D S
L X D B U U X F R H O C A T
E W Z C Ł N A Q A V D R R U
N A I V O I S N J A Q O O L
D M E N P M Ł Q G I U K C E
A W Ń U O P O P F H W B Z C
R N D S Ł C Z E G A R U N I
Z P R Z Y S Z Ł O Ś Ć G E E
```

WCZORAJ	MIESIĄC
DZISIAJ	RANO
ROK	PO
STULECIE	NOC
DEKADA	GODZINA
ROCZNE	DZIEŃ
TERAZ	ZEGAR
KALENDARZ	PRZED
MINUTA	TYDZIEŃ
POŁUDNIE	PRZYSZŁOŚĆ

11 - Säugetiere

```
G  R  Y  N  Ł  V  B  Ó  B  R  K  P  W  I
J  O  A  F  I  M  H  V  G  Y  T  A  I  X
M  J  R  H  M  K  Y  B  N  Ł  S  N  E  D
R  M  B  Y  S  A  F  A  R  Y  Ż  T  L  K
N  S  E  Y  L  N  W  I  L  K  W  E  O  Z
W  I  Z  P  P  G  Y  X  N  A  L  R  R  V
N  L  E  D  P  U  E  P  A  T  Q  A  Y  I
H  J  D  D  B  R  C  Z  M  Y  Z  P  B  S
K  K  R  Y  Ź  K  W  A  P  G  X  Ł  C  Z
O  S  Ł  P  E  W  O  Ł  S  R  Z  A  D  C
Ń  Y  B  O  Y  F  I  J  A  Y  L  M  B  Z
A  Q  W  O  U  G  Y  E  O  S  E  I  P  U
X  V  S  Ł  O  Ń  N  M  D  T  A  Ł  N  R
I  Y  O  C  Y  J  D  I  V  Ź  L  E  W  K
```

MAŁPA	LEW
NIEDŹWIEDŹ	PANTERA
BÓBR	KOŃ
SŁOŃ	SZCZUR
LIS	OWCE
ŻYRAFA	BYK
GORYL	TYGRYS
PIES	WIELORYB
KANGUR	WILK
KOJOT	ZEBRA

12 - Algebra

```
K O B E I N A W O M J E D O
R X Y I P L C K V E U Y B R
Ó O Ł N Z R O Z B G H W L E
W D U A Ł E O Ś Y T Ł O P Z
N I O Z Y M Q B Ć N I I M J
A A F Ą Ł U Y D L D N N K H
N G N I S N M R A E R I R A
I R A W F E S P Ł M M L K N
E A Ł Z W Y K Ł A D N I K N
J M U O R O Z W I Ą Z A Ć E
Z U M R F A Ł S Z Y W E P I
O F R A K C J A C Y R T A M
S G O S U M A Q D Z Z S X Z
A C F U P R O Ś C I Ć T Z N
```

FRAKCJA
DIAGRAM
WYKŁADNIK
CZYNNIK
FAŁSZYWE
FORMUŁA
RÓWNANIE
LINIOWY
ROZWIĄZAĆ
ROZWIĄZANIE

MATRYCA
ILOŚĆ
ZERO
NUMER
PROBLEM
ODEJMOWANIE
SUMA
ZMIENNA
UPROŚCIĆ

13 - Philanthropie

```
H G N Q P U B V R M R U L I
U I K M I O N U E I Z D U L
A V S W Y P T X S Q F P D P
L Z N T W S C R A S B T Z R
U Ś Ś O W I C Z C U V K O
T Ł P N T R F N T E U M O G
M E S N A N I F P E B W Ś R
H Ł S O I G S Ż R W A Ć A
O V O Q W K U C Ł X O V D M
J L T D Ś H E W U R H L Z Y
N Ł I K Z K I M I S J A I P
O Y N Z C I L B U P D U E U
Ś B S V L W E V D I I S C R
Ć I O P X I J Ż C E L E I G
```

POTRZEBA
UCZCIWOŚĆ
FINANSE
HISTORIA
ŚWIATOWY
HOJNOŚĆ
GRUPY
MŁODZIEŻ

DZIECI
LUDZIE
LUDZKOŚĆ
MISJA
PUBLICZNY
PROGRAMY
CELE

14 - Diplomatie

```
H D Ą Z R Z C C D K O M H E
L U Y R J H D N O O B U J T
D F M P J Z S L R N Y C D Y
N S A A L P A H A F W Z Y K
R P M K N O X C D L A C S A
E O B Y Ł I M G C I T I K W
Z Ł A T K R T A A K E W U Q
O E S I K F R A T T L O S W
L C A L X Z Ł G R Y E Ś J D
U Z D O Q V D Y N N C Ć A P
C N A P L K T C I K Y Z Ę J
J O I A M B A S A D O R N W
A Ś R O Z W I Ą Z A N I E Y
F Ć Y W Q N R T R A K T A T
```

REZOLUCJA	HUMANITARNY
DORADCA	UCZCIWOŚĆ
AMBASADA	KONFLIKT
AMBASADOR	ROZWIĄZANIE
OBYWATELE	POLITYKA
DYPLOMATYCZNY	RZĄD
DYSKUSJA	JĘZYKI
ETYKA	TRAKTAT
SPOŁECZNOŚĆ	

15 - Astronomie

```
Z  I  E  M  I  A  Z  H  X  O  K  A  B  C
N  S  E  B  H  A  O  A  D  X  O  T  G  L
K  O  S  M  O  S  D  C  A  H  M  U  W  F
E  E  Q  P  Ł  K  I  I  W  U  E  A  I  X
S  H  Q  O  W  E  A  W  O  T  T  N  A  L
A  A  L  K  V  C  K  A  N  R  A  O  Z  O
V  J  T  S  B  Y  W  Ł  R  O  E  R  D  J
L  D  Y  E  V  Ż  P  G  E  E  C  T  A  Ł
Ł  C  H  L  L  Ę  N  M  P  T  D  S  S  Y
N  A  L  E  G  I  Y  K  U  E  F  A  Ł  A
M  I  Z  T  Ł  S  T  W  S  M  M  N  C  H
B  X  E  E  Z  K  L  A  T  E  I  K  A  R
C  Ł  Q  B  A  S  T  R  O  N  O  M  G  K
E  G  T  U  O  P  L  A  N  E  T  A  Ł  R
```

ASTEROIDA
ASTRONAUTA
ASTRONOM
ZIEMIA
NIEBO
KOMETA
KOSMOS
METEOR
KSIĘŻYC

MGŁAWICA
PLANETA
RAKIETA
SATELITA
GWIAZDA
SUPERNOWA
TELESKOP
ZODIAK

16 - Ballett

```
Y  N  Z  C  Y  T  S  Y  T  R  A  K  S  I
B  W  O  H  F  I  S  S  T  Y  L  O  O  N
M  D  K  O  F  W  J  E  M  F  A  M  L  T
U  Z  L  R  R  L  K  S  G  J  B  P  O  E
Z  I  A  E  B  Y  V  E  Q  A  A  O  Ł  N
Y  Ę  S  O  B  A  T  Z  M  L  R  Z  H  S
K  C  K  G  Q  B  L  M  K  N  V  Y  R  Y
A  Z  I  R  E  Z  R  E  C  N  A  T  C  W
G  N  V  A  W  R  J  A  R  Ł  F  O  U  N
G  Y  J  F  P  X  Z  B  I  I  P  R  P  O
Y  T  S  I  Z  A  R  Y  W  V  N  Ł  R  Ś
O  E  J  A  M  I  Ę  Ś  N  I  E  A  Ó  Ć
P  U  B  L  I  C  Z  N  O  Ś  Ć  W  B  G
O  R  K  I  E  S  T  R  A  J  O  F  A  V
```

WDZIĘCZNY	MUZYKA
OKLASKI	MIĘŚNIE
WYRAZISTY	ORKIESTRA
BALERINA	PRÓBA
CHOREOGRAFIA	PUBLICZNOŚĆ
GEST	RYTM
INTENSYWNOŚĆ	SOLO
KOMPOZYTOR	STYL
ARTYSTYCZNY	TANCERZE

17 - Geologie

```
G  S  K  C  S  T  A  L  A  G  M  I  T  Y
Q  K  W  P  I  W  A  F  Ń  E  I  M  A  K
U  A  A  P  C  E  A  E  Z  N  X  I  S  S
N  M  R  F  Ł  G  K  K  W  A  S  N  T  D
N  I  C  I  E  A  I  Ł  T  K  U  E  A  K
G  E  Y  D  E  R  S  C  Y  L  T  R  L  U
R  N  B  C  G  Y  T  K  Ł  U  N  A  A  M
O  I  C  Y  K  L  E  S  O  W  E  Ł  K  O
T  A  B  I  A  R  C  Ó  I  W  N  Y  T  L
A  Ł  K  V  W  E  B  L  K  W  Y  T  Y  A
A  O  E  R  O  Z  J  A  O  A  T  Ż  T  W
B  Ś  P  W  T  J  Z  T  R  P  N  A  I  A
Q  Ć  S  Ł  N  E  P  O  A  Ń  O  W  Z  Z
D  W  W  J  R  G  K  C  L  M  K  J  U  V
```

EROZJA	PŁASKOWYŻ
SKAMIENIAŁOŚĆ	KWARC
CIEKŁY	SÓL
GEJZER	KWAS
GROTA	STALAGMITY
WAPŃ	STALAKTYT
KONTYNENT	KAMIEŃ
KORAL	WULKAN
LAWA	STREFA
MINERAŁY	CYKLE

18 - Wissenschaft

```
C E I W O K U A N O U C K L
M A J C U L O W E R M Z O A
I I E U X I Z A V G T Ą C B
R U N H E M L T O A N S H O
T O Ł E N A D O O N E T E R
U K Ś S R T Z M Z I M E M A
S G J L D A V E Z Z Y C I T
A K Y Z I F Ł N T M R Z C O
J X H L M N A Y K O E K Z R
M E T O D A Y M A A P I N I
C Z Ą S T K I O F W S I Y U
N A T U R A N W M K K U H M
G R A W I T A C J A E A G J
S K A M I E N I A Ł O Ś Ć Ł
```

ATOM
CHEMICZNY
DANE
EWOLUCJA
EKSPERYMENT
SKAMIENIAŁOŚĆ
HIPOTEZA
KLIMAT
LABORATORIUM
METODA

MINERAŁY
CZĄSTECZKI
NATURA
ORGANIZM
CZĄSTKI
ROŚLINY
FIZYKA
GRAWITACJA
FAKT
NAUKOWIEC

19 - Sport

```
G  M  I  S  T  R  Z  O  S  T  W  O  U  K
G  O  O  S  T  A  D  I  O  N  F  J  O  O
K  I  L  L  A  B  E  S  A  B  B  T  V  S
H  Ł  M  F  Q  F  N  M  G  C  E  R  H  Z
G  A  N  N  P  Ł  Y  W  A  Ć  I  E  S  Y
Z  I  N  U  A  C  Z  Ę  I  C  Y  W  Z  K
E  Z  M  L  J  Z  X  Z  T  N  V  O  C  Ó
S  D  T  N  Q  B  J  E  K  O  H  R  A  W
P  Ę  R  J  A  T  T  U  C  F  C  K  R  K
Ó  S  E  E  R  S  N  J  M  Y  U  H  G  A
Ł  U  N  L  G  I  T  B  J  T  R  H  S  Y
Z  J  E  A  L  N  Z  Y  Z  Y  M  E  W  D
B  F  R  N  L  E  V  T  K  H  X  W  D  P
V  L  Q  P  A  T  E  L  T  A  D  V  Ł  I
```

ATLETA   ZESPÓŁ
BASEBALL   MISTRZOSTWO
KOSZYKÓWKA   SĘDZIA
RUCH   PŁYWAĆ
HOKEJ   GRA
ROWER   GRACZ
ZWYCIĘZCA   STADION
GOLF   TENIS
GIMNAZJUM   TRENER
GIMNASTYKA

20 - Mythologie

```
S  T  Z  B  O  H  A  T  E  R  K  A  L  K
U  I  Ł  A  A  R  C  H  E  T  Y  P  K  A
O  Z  Ł  O  Z  N  R  Q  P  H  Y  F  R  T
M  G  C  A  K  D  A  B  T  S  R  R  E  A
K  G  Z  U  P  Z  R  C  H  M  T  S  A  S
L  V  Y  N  B  E  Ó  O  B  E  I  N  C  T
K  A  A  U  V  M  W  Y  Ś  X  T  K  J  R
U  B  B  B  N  S  T  C  X  Ć  I  U  A  O
L  O  U  I  U  T  O  O  U  W  L  D  W  F
T  H  N  F  R  A  P  H  V  R  H  D  A  A
U  A  D  L  O  Y  N  Z  C  I  G  A  M  I
R  T  J  Y  I  L  N  L  E  G  E  N  D  A
A  E  U  L  P  E  U  T  O  M  Z  R  G  X
W  R  X  S  T  W  O  R  Z  E  N  I  E  L
```

ARCHETYP	STWORZENIE
PIORUN	KULTURA
GRZMOT	LABIRYNT
ZAZDROŚĆ	LEGENDA
BOHATER	MAGICZNY
BOHATERKA	POTWÓR
NIEBO	ZEMSTA
KATASTROFA	SIŁA
KREACJA	

21 - Restaurant #2

```
S  Z  A  C  E  A  U  C  Z  N  F  P  P  R
R  V  Z  L  Ó  D  O  B  I  A  D  R  R  Y
O  W  O  C  Ó  N  F  H  S  C  Q  Z  Z  B
N  F  G  L  S  S  S  P  C  I  X  Y  Y  A
Ł  Y  Ż  K  A  A  J  Ó  P  A  N  S  P  K
V  I  C  N  X  J  Ł  I  A  S  Z  T  R  E
P  Y  S  Z  N  Y  A  A  H  T  U  A  A  L
K  R  Z  E  S  Ł  O  J  T  O  P  W  W  N
W  A  R  Z  Y  W  A  Y  D  K  A  K  Y  E
W  I  D  E  L  E  C  O  B  I  A  A  W  R
M  E  Z  S  K  K  G  P  H  C  H  X  O  H
B  O  I  M  A  K  A  R  O  N  F  S  D  Z
F  L  U  P  S  D  J  P  F  O  R  F  A  R
F  H  J  G  M  W  O  I  Z  R  L  S  Y  O
```

OBIAD	PYSZNY
JAJA	CIASTO
LÓD	ŁYŻKA
RYBA	MAKARON
OWOC	SAŁATKA
WIDELEC	SÓL
WARZYWA	KRZESŁO
NAPÓJ	ZUPA
PRZYPRAWY	PRZYSTAWKA
KELNER	WODA

22 - Ökologie

```
H  U  S  Z  Z  W  Q  I  F  S  P  W  Z  R
M  I  U  Ć  T  A  M  I  L  K  R  O  R  O
B  N  S  Ś  L  K  S  B  U  U  Z  L  Ó  Ś
L  I  Z  O  D  A  R  O  L  F  E  O  W  L
G  X  A  N  U  A  F  C  B  P  T  N  N  I
S  I  E  D  L  I  S  K  O  Y  R  T  O  N
G  I  G  O  Ś  M  W  N  Y  R  W  A  W  N
C  K  Y  R  E  W  O  O  A  Ó  A  R  A  O
W  S  E  O  O  M  I  B  R  G  N  I  Ż  Ś
L  R  P  N  H  A  S  A  U  Q  I  U  O  Ć
U  O  A  Ż  U  I  C  O  T  P  E  S  N  K
Z  M  Q  Ó  W  T  J  O  A  O  W  Z  Y  Ł
P  Y  L  R  K  B  A  G  N  O  W  E  Y  T
R  O  Ś  L  I  N  Y  G  D  J  X  Y  D  Z
```

GATUNEK	MORSKI
GÓRY	ZRÓWNOWAŻONY
SUSZA	NATURA
FAUNA	ROŚLINY
FLORA	ZASOBY
WOLONTARIUSZE	BAGNO
ŚWIATOWY	PRZETRWANIE
KLIMAT	ROŚLINNOŚĆ
SIEDLISKO	RÓŻNORODNOŚĆ

23 - Boote

```
K O D I K S R O M B U J Ż J
I Q W F I A L X M Ł Q E A A
N V K P Y Q J C I G Q Z G C
L A N I L F X A Q W F I L H
I W U R D M E C K R A O Ó T
S T A T M O R Z E Z L R W D
N A A Z Y Ł I U F E E O K G
T R D G E C A C F K P H A B
Y T D E B U Z D I A R P H O
M O C E A N J N N I O F B J
J A C I W T O K Y G M O A A
Y F S Z A Ł O G A N O T A W
W F J Z R A N Y R A M M S U
Ł B L B T K A P O L Z W E N
```

KOTWICA	MORZE
BOJA	SILNIK
ZAŁOGA	NAUTYCZNY
DOK	OCEAN
PROM	JEZIORO
TRATWA	MARYNARZ
RZEKA	ŻAGLÓWKA
KAJAK	LINA
MORSKI	FALE
MASZT	JACHT

24 - Stadt

```
M  B  K  G  K  W  I  A  C  I  A  R  Z  C
U  S  S  S  A  I  N  R  A  K  E  I  P  U
Z  A  I  T  K  L  A  K  I  N  I  L  K  N
E  J  Ę  A  E  S  E  A  M  A  Z  S  G  I
U  C  G  D  T  T  Z  R  A  B  O  U  W  W
M  A  A  I  O  N  I  K  I  K  O  P  T  E
Z  R  R  O  I  N  Ł  E  O  A  G  E  W  R
O  U  N  N  L  Q  X  N  K  Ł  U  R  U  S
X  A  I  E  B  P  M  Y  S  D  A  M  X  Y
E  T  A  Ł  I  N  X  R  I  S  K  A  O  T
A  S  K  L  B  Z  F  M  N  I  E  R  U  E
T  E  A  T  R  D  P  I  T  Ł  T  K  B  T
G  R  P  B  K  I  P  H  O  K  P  E  G  H
A  A  H  O  T  E  L  U  L  E  A  T  C  N
```

APTEKA	KLINIKA
BANK	RYNEK
PIEKARNIA	MUZEUM
BIBLIOTEKA	RESTAURACJA
KWIACIARZ	SZKOŁA
KSIĘGARNIA	STADION
LOTNISKO	SUPERMARKET
GALERIA	TEATR
HOTEL	UNIWERSYTET
KINO	ZOO

25 - Aktivitäten

```
I  Ć  M  A  G  I  A  A  D  S  P  O  R  W
E  Ś  C  R  G  I  I  L  D  N  R  I  E  Ę
P  O  L  O  W  A  N  I  E  R  Z  Y  I  D
F  N  E  S  R  E  I  N  A  T  Y  Z  C  K
O  L  N  Y  Z  E  Q  M  L  W  J  Q  Y  A
T  A  Z  Y  Q  T  L  N  A  V  E  K  Z  R
O  Ł  J  U  M  C  U  A  E  O  M  U  S  S
G  A  T  R  Z  K  E  K  K  G  N  T  L  T
R  I  G  R  Y  D  Q  R  A  S  O  K  Z  W
A  Z  T  A  N  I  E  C  A  V  Ś  Ł  E  O
F  D  K  E  M  P  I  N  G  M  Ć  Z  J  L
I  W  Ę  D  R  Ó  W  K  I  B  I  F  Q  M
A  Ł  S  O  I  M  E  Z  R  C  Y  K  S  K
K  U  M  I  E  J  Ę  T  N  O  Ś  Ć  A  A
```

DZIAŁALNOŚĆ	RZEMIOSŁA
WĘDKARSTWO	CZYTANIE
KEMPING	MAGIA
RELAKS	SZYCIE
UMIEJĘTNOŚĆ	GRY
FOTOGRAFIA	TANIEC
POLOWANIE	PRZYJEMNOŚĆ
CERAMIKA	WĘDRÓWKI
SZTUKA	

26 - Bienen

```
S K R Z Y D Ł A M Y U S K R
Z A P Y L A C Z U L Ł I W Ó
E K O S Y S T E M Y D E I Ż
C M K O B P Q Q K D K D T N
Ń I Ł R W P C R Ó J W L N O
O Ó K Q Ó A Z M T K I I Ą R
Ł D K O V L D B B Y A S Ć O
S L B J R C O W O I T K R D
P Y Ł E K Z K W D P Y O O N
O G R Ó D S Y P A P E M Ś O
Ł G P E B Q K S O W N Q L Ś
P O T V D K F A T Z I J I Ć
M W V R P J K S J N Q P N U
V A C J X L X S I C Y H Y N
```

ZAPYLACZ	SIEDLISKO
UL	EKOSYSTEM
KWIATY	ROŚLINY
KWITNĄĆ	PYŁEK
SKRZYDŁA	DYM
OWOC	RÓJ
OGRÓD	SŁOŃCE
MIÓD	RÓŻNORODNOŚĆ
OWAD	KORZYSTNY
KRÓLOWA	WOSK

27 - Wissenschaftliche Disziplinen

```
S  S  U  P  P  C  B  I  O  L  O  G  I  A
M  B  Z  R  Ł  H  E  K  O  L  O  G  I  A
A  E  Ł  C  A  E  Z  O  O  L  O  G  I  A
S  S  T  B  R  M  R  E  S  Y  C  W  S  Q
T  O  O  E  A  I  M  E  H  C  O  I  B  A
R  C  U  S  O  A  I  G  O  L  O  E  G  K
O  J  S  D  P  R  I  Z  O  K  E  V  U  I
N  O  I  S  E  G  O  M  A  G  U  D  C  N
O  L  Ł  A  I  G  O  L  O  E  H  C  R  A
M  O  E  S  A  G  F  P  O  T  N  J  Q  T
I  G  Z  K  Y  O  V  J  J  G  A  B  W  O
A  I  G  O  L  O  N  U  M  M  I  N  G  B
J  A  I  G  O  L  O  R  U  E  N  A  A  F
Ł  Ł  X  M  I  N  E  R  A  L  O  G  I  A
```

ANATOMIA	IMMUNOLOGIA
ARCHEOLOGIA	METEOROLOGIA
ASTRONOMIA	MINERALOGIA
BIOCHEMIA	NEUROLOGIA
BIOLOGIA	EKOLOGIA
BOTANIKA	SOCJOLOGIA
CHEMIA	ZOOLOGIA
GEOLOGIA	

28 - Vögel

```
X  T  N  J  N  S  B  S  N  K  T  I  T  R
F  O  K  V  O  O  L  E  B  Ó  R  W  E  S
O  R  Z  E  Ł  W  S  R  H  P  L  U  M  Ł
G  K  E  M  T  A  W  E  M  I  K  K  K  A
W  O  J  Q  N  K  R  H  X  N  U  U  Y  B
E  G  Ł  A  W  Z  T  P  V  G  R  K  R  Ę
N  F  W  Ą  J  C  Z  I  O  W  C  U  P  D
Z  Z  I  G  B  A  W  S  P  I  Z  Ł  A  Ź
M  F  C  F  A  K  A  Q  E  N  A  K  M  C
F  L  A  M  I  N  G  P  A  W  K  A  S  Z
F  S  N  G  Ę  Ś  U  B  O  C  I  A  N  A
A  Q  O  F  E  W  P  X  S  D  K  V  S  P
K  N  R  I  Ł  N  A  K  I  L  E  P  T  L
F  A  W  Z  A  M  P  N  L  Z  H  A  S  A
```

ORZEŁ	PAPUGA
JAJKO	PELIKAN
KACZKA	PAW
SOWA	PINGWIN
FLAMING	KRUK
GĘŚ	CZAPLA
KURCZAK	ŁABĘDŹ
WRONA	WRÓBEL
KUKUŁKA	BOCIAN
MEWA	GOŁĄB

29 - Elektrizität

```
T  E  L  E  W  I  Z  J  A  S  P  R  Q  J
R  S  Y  L  A  S  E  R  E  M  I  N  U  S
G  D  R  F  F  L  Y  O  L  O  Q  Q  P  U
B  N  J  K  J  A  T  T  E  K  A  B  E  L
C  E  I  N  T  M  K  A  K  U  I  G  T  T
R  S  Z  A  Ę  P  E  R  T  C  R  Y  P  N
M  G  X  N  Z  A  I  E  R  K  E  E  R  O
V  A  F  M  R  D  B  N  Y  F  T  R  Z  F
D  Y  G  V  P  L  O  E  K  S  A  P  E  C
N  P  I  N  S  C  Z  G  I  K  B  L  W  Ł
M  Q  S  L  E  V  Ł  P  G  K  Ł  U  O  Z
G  V  I  Ł  O  S  P  M  T  K  Z  S  D  I
C  Y  E  Q  P  Ś  X  W  E  D  S  N  Y  O
B  M  Ć  F  Q  A  Ć  T  E  L  E  F  O  N
```

SPRZĘT	MAGNES
BATERIA	ILOŚĆ
PRZEWODY	MINUS
ELEKTRYK	SIEĆ
TELEWIZJA	OBIEKTY
GENERATOR	PLUS
KABEL	GNIAZDO
LAMPA	TELEFON
LASER	

30 - Garten

```
G A N E K C S S Y T B F L C
S W C D I S C T E R K A Z W
Y A N I A B F A L A R N Y J
X R F G H I A W R W Z I Q Z
H T G A R A Ż R J N A L U T
N R C Ł A B E L G I K O D Q
W T Ł V L H J C X K L P D Ł
Ą R K P H B U Q Y M P M M D
Ż D S H A M A K T A R A S R
S A D V H W T S S A P R P Z
Ł B Q A Q T A R A K I T Q E
O G R Ó D B P D W W S W O W
Ł E Q Q N S O K H A H C K O
U T H T C S Ł S C Ł D P A O
```

ŁAWKA	TRAWNIK
DRZEWO	GRABIE
KWIAT	ŁOPATA
GLEBA	WĄŻ
KRZAK	STAW
GARAŻ	TARAS
OGRÓD	TRAMPOLINA
TRAWA	CHWASTY
HAMAK	GANEK
SAD	

31 - Antarktis

```
B L P E S Y W Ł Ó P X J H M
Y A Ó M O F Y R T A I W J I
W W D D B A P I M Z K Q X G
O O E A Z R R R M A A V U R
O F D W C F A K V I T Ś P A
Z Ł D A A Z W Q N F P R O C
F G I A Z Y A Ł T A T O G J
T E M P E R A T U R A D O A
R Q B P Ł H K E R G N O D B
A I F A R G O E G O O W A L
S Q D P S W T V S P R I Y Y
X I O Ł W I A F N O H S Q G
J L E Ł B X Z Q P T C K A Ł
S K A L I S T Y Y W O O O X
```

ZATOKA	MIGRACJA
LÓD	TEMPERATURA
OCHRONA	TOPOGRAFIA
WYPRAWA	ŚRODOWISKO
SKALISTY	PTAKI
BADACZ	WODA
GEOGRAFIA	POGODA
PÓŁWYSEP	WIATRY

32 - Fahren

```
T  S  J  P  W  T  G  A  Z  W  X  Z  V  H
R  A  U  O  Y  F  O  K  I  N  L  I  S  O
A  M  Q  L  P  S  S  W  W  Z  V  M  Y  C
N  O  Ć  I  A  I  T  Ó  P  A  L  I  W  O
S  C  Ś  C  D  D  R  R  Z  J  K  W  O  C
P  H  O  J  E  C  O  A  K  C  Y  Ł  G  A
O  Ó  K  A  K  X  Ż  Ż  E  N  C  I  O  U
R  D  D  Z  R  I  N  Ę  A  E  O  N  R  T
T  A  Ę  P  Ł  T  O  I  C  C  T  O  D  O
G  A  R  A  Ż  U  Ś  C  I  I  O  L  H  B
M  B  P  T  S  N  Ć  I  L  L  M  N  C  U
C  W  A  A  L  E  C  L  U  M  A  H  U  S
N  M  M  Y  M  L  T  C  S  P  M  A  R  K
P  I  E  S  Z  Y  U  I  T  B  B  K  Ł  W
```

SAMOCHÓD	CIĘŻARÓWKA
HAMULCE	SILNIK
PALIWO	MOTOCYKL
AUTOBUS	POLICJA
PIESZY	ULICA
GARAŻ	TRANSPORT
GAZ	TUNEL
PRĘDKOŚĆ	WYPADEK
MAPA	RUCH DROGOWY
LICENCJA	OSTROŻNOŚĆ

33 - Physik

```
Q  W  A  K  Z  C  E  T  S  Ą  Z  C  P  U
N  R  E  Y  N  Z  C  I  M  E  H  C  J  N
Y  S  E  F  M  Ą  A  T  N  J  Y  D  T  I
C  M  L  O  U  S  N  G  Q  S  W  D  O  W
P  H  E  M  U  T  G  Ę  S  T  O  Ś  Ć  E
R  I  A  T  P  K  B  I  B  E  R  Z  Ś  R
Ę  B  K  O  B  A  G  L  A  L  D  M  O  S
D  E  I  N  S  G  S  N  Ł  E  Ą  I  N  A
K  I  N  L  I  S  W  A  U  K  J  E  D  L
O  J  A  E  P  W  U  R  M  T  V  N  Ę  N
Ś  F  H  S  P  B  W  B  R  R  J  N  L  Y
Ć  N  C  N  D  G  Q  G  O  O  B  A  G  P
W  R  E  A  T  O  M  C  F  N  A  O  Z  A
Ł  J  M  Z  Y  T  E  N  G  A  M  D  W  O
```

ATOM	MASA
CHAOS	MECHANIKA
CHEMICZNY	CZĄSTECZKA
GĘSTOŚĆ	SILNIK
ELEKTRON	JĄDROWY
FORMUŁA	CZĄSTKA
GAZ	WZGLĘDNOŚĆ
PRĘDKOŚĆ	UNIWERSALNY
MAGNETYZM	ZMIENNA

34 - Bücher

```
P W G H Z R Y H P V U C P H
I E S G B B N B O I H S S B
S K W I L M Z I L A U D Ł E
E H C Y N Z C Y R O T S I H
M I U I F N Y T A K S L U P
N S A K P F T V U O K I S O
Y T A I R E S B T L E T T W
L O D N L S Y Z O E T E R I
B R O L O P R S R K N R O E
R I G E U Ł O R B C O A N Ś
P A Y T Ł O M E G J K C A Ć
L E Z Y N G U I Z A I K J Z
P G R Z S O H W W J D I W Ł
Ł T P C Y Z C Z A L A N Y W
```

PRZYGODA	HUMORYSTYCZNY
AUTOR	KOLEKCJA
DUALIZM	KONTEKST
EPICKI	CZYTELNIK
WYNALAZCZY	LITERACKI
WIERSZ	POEZJA
HISTORIA	POWIEŚĆ
PISEMNY	STRONA
HISTORYCZNY	SERIA

35 - Menschlicher Körper

```
S  P  P  V  Ł  M  O  U  S  S  S  F  P  S
K  U  O  Ł  O  K  I  E  Ć  I  Z  C  T  Z
Ó  K  C  D  Y  P  K  D  B  R  H  O  R  C
R  U  R  H  B  L  G  G  Ł  O  W  A  A  Z
A  S  J  E  O  R  Z  R  A  W  T  J  M  Ę
S  T  Ę  X  W  P  Ó  S  X  K  K  Y  I  K
E  A  Z  F  C  A  M  D  C  X  E  Z  Ę  A
R  H  Y  S  O  H  Z  B  E  G  E  S  P  K
C  M  K  W  N  L  P  E  L  K  Y  O  O  T
E  W  I  H  T  Y  X  P  A  G  O  N  F  S
N  O  S  L  T  O  O  D  P  Q  V  A  R  O
A  Ł  F  A  Ł  C  V  D  I  G  J  L  Ę  K
F  K  L  E  R  X  T  R  J  D  Ł  O  K  U
I  T  J  V  F  I  Ł  Z  P  G  W  K  A  A
```

NOGA	SZCZĘKA
KREW	PODBRÓDEK
ŁOKIEĆ	KOLANO
PALEC	KOSTKA
MÓZG	GŁOWA
TWARZ	USTA
SZYJA	NOS
RĘKA	UCHO
SKÓRA	RAMIĘ
SERCE	JĘZYK

36 - Landschaften

```
G W Y S P A J A C Ł V S P N
M A K G B R E Z R O M E Ó S
M K T W A Ó Z M S J Z X Ł F
W O I C G G I J J J U U W A
J T B B N A O A Z A O A Y B
W A S F O A R D N U T W S P
Y Z V Y X K O A A I X O E L
G H G I N E A P K Q L D P A
E R B Ó G Z T S L G K O O Ż
J H F Z R R V O U O A L D A
Z B C W Ł Z S D W W F A N J
E Z R Q Q E E O D J J R V O
R B X E Z O R W P M G Ó E Q
L O D O W I E C C J M G J V
```

GÓRA	MORZE
GÓRA LODOWA	OAZA
RZEKA	JEZIORO
GEJZER	PLAŻA
LODOWIEC	BAGNO
ZATOKA	DOLINA
PÓŁWYSEP	TUNDRA
WZGÓRZE	WULKAN
WYSPA	WODOSPAD

37 - Flugzeuge

```
P  X  Ł  R  W  S  O  R  C  O  U  Z  P  T
N  O  L  A  B  O  X  O  E  C  L  A  A  U
J  A  W  K  L  G  F  B  Q  Z  Ł  Ł  S  R
Z  M  E  I  C  Ś  J  E  Z  I  N  O  A  B
A  Z  J  N  E  Ś  M  I  G  Ł  A  G  Ż  U
Q  H  K  L  Q  T  Ł  N  B  W  I  A  E  L
Q  F  D  I  O  F  R  X  T  Y  R  R  R  E
I  J  S  S  O  I  Ó  Z  K  S  O  E  I  N
P  O  G  O  D  A  D  S  E  O  T  F  U  C
B  U  D  O  W  A  O  Y  J  K  S  S  L  J
P  A  L  I  W  O  W  F  O  O  I  O  M  A
P  I  L  O  T  R  J  D  R  Ś  H  M  C  N
P  R  Z  Y  G  O  D  A  P  Ć  C  T  D  M
P  N  A  W  I  G  O  W  A  Ć  M  A  J  C
```

PRZYGODA	BUDOWA
ZEJŚCIE	POWIETRZE
ATMOSFERA	SILNIK
BALON	NAWIGOWAĆ
PALIWO	PASAŻER
ZAŁOGA	PILOT
PROJEKT	ŚMIGŁA
HISTORIA	TURBULENCJA
NIEBO	WODÓR
WYSOKOŚĆ	POGODA

38 - Haartypen

```
S  Z  A  R  Y  H  C  U  S  V  J  K  J  V
B  M  K  A  J  Y  Y  P  I  D  N  O  L  B
B  R  I  Ł  Y  K  U  L  L  X  R  L  G  H
Q  G  Ą  Ę  E  G  L  E  D  V  Z  O  F  M
R  R  C  Z  K  R  C  C  I  D  L  R  N  F
Ł  U  E  C  O  K  Ł  I  J  K  W  O  X  O
Y  B  F  Z  K  W  I  O  J  U  N  W  A  O
S  Y  A  A  R  W  Y  N  O  R  B  E  R  S
Y  Ł  L  R  Ó  X  W  Y  H  D  A  I  I  H
J  A  I  N  T  F  O  W  P  Y  X  G  E  C
I  I  S  Y  K  Z  R  K  Ł  L  S  U  Ł  Y
Y  B  T  A  I  C  D  E  T  O  E  Ł  S  A
V  I  Y  T  P  Q  Z  B  M  K  J  D  S  C
K  R  Ę  C  O  N  E  E  U  I  T  Ł  S  F
```

BLOND
BRĄZOWY
GRUBY
CIENKI
KOLOROWE
PLECIONY
ZDROWY
SZARY
ŁYSY
KRÓTKI

DŁUGIE
LOKI
KRĘCONE
CZARNY
SREBRO
SUCHY
MIĘKKI
BIAŁY
FALISTY

39 - Essen #1

```
G L K G Q K C E X O I I H Q
U Ł X X Ł Y F Ł R E L T M Z
K A W A D F R E I K U C I C
K O S A O B Z Ł N J R N Ę G
A Ł F A K W E H C R A M S F
N R P F E T P F Q Ł E F O Q
I G A M L Z A K Y Z C Ń U T
P R I C M U U Ł I L Z C C S
Z U L B H X B P A Ó O Y Y K
S S Y Y V I N O A S S T N O
C Z Z R P S D X F X N R A E
R K A L U B E C B U E Y M I
E A B O D K T L F H K N O Ł
T R U S K A W K A W Z A N P
```

BAZYLIA	SOK
GRUSZKA	SAŁATKA
TRUSKAWKA	SÓL
ARACHID	SZPINAK
MIĘSO	ZUPA
KAWA	TUŃCZYK
MARCHEWKA	CYNAMON
CZOSNEK	CYTRYNA
MLEKO	CUKIER
RZEPA	CEBULA

40 - Ethik

```
M  D  Ż  Y  C  Z  L  I  W  O  Ś  Ć  R  E
D  Y  P  L  O  M  A  T  Y  C  Z  N  Y  K
I  Ć  Ś  O  N  D  O  G  B  Ł  H  C  T  H
S  Ś  U  C  Z  C  I  W  O  Ś  Ć  L  W  W
W  O  T  O  L  E  R  A  N  C  J  A  O  S
I  N  D  Y  W  I  D  U  A  L  I  Z  M  P
A  L  O  W  M  R  Ć  I  G  B  Q  Z  Ó
L  A  P  I  Ą  O  N  Ś  F  A  A  S  I  Ł
T  N  T  L  D  Z  W  O  O  M  U  H  L  C
R  O  Y  Z  R  S  O  K  Z  T  G  T  A  Z
U  J  M  C  O  Ą  T  Z  O  S  R  I  E  U
I  C  I  Y  Ś  D  W  D  L  X  W  A  R  C
Z  A  Z  Ż  Ć  N  Ł  U  I  A  A  R  W  I
M  R  M  X  D  Y  U  L  F  Ł  H  S  N  E
```

ALTRUIZM	RACJONALNOŚĆ
DYPLOMATYCZNY	REALIZM
ŻYCZLIWOŚĆ	TOLERANCJA
INDYWIDUALIZM	ROZSĄDNY
UCZCIWOŚĆ	MĄDROŚĆ
LUDZKOŚĆ	WARTOŚCI
WSPÓŁCZUCIE	ŻYCZLIWY
OPTYMIZM	GODNOŚĆ
FILOZOFIA	

41 - Gebäude

```
Ż  L  K  A  C  O  F  I  V  P  V  C  L  W
U  A  M  Y  N  B  O  A  Ł  O  D  O  T  S
N  B  R  Y  G  S  K  E  B  A  M  F  Ł  T
I  O  S  A  A  E  A  H  W  R  E  L  E  E
W  R  U  W  G  R  B  O  A  F  Y  C  S  A
E  A  P  I  B  W  I  T  W  I  F  K  Y  T
R  T  E  E  B  A  N  E  K  I  N  O  A  R
S  O  R  Ż  H  T  A  L  E  T  S  O  H  N
Y  R  M  A  N  O  I  D  A  T  S  Z  P  A
T  I  A  Ł  D  R  B  F  S  T  E  S  K  M
E  U  R  O  J  I  A  T  Ł  G  I  F  O  I
T  M  K  K  T  U  T  L  G  Ł  J  P  T  O
O  O  E  Z  A  M  M  U  Z  E  U  M  Z  T
D  D  T  S  A  M  B  A  S  A  D  A  W  S
```

AMBASADA	MUZEUM
FABRYKA	OBSERWATORIUM
GARAŻ	STODOŁA
DOM	SZKOŁA
HOSTEL	STADION
HOTEL	SUPERMARKET
KABINA	TEATR
KINO	WIEŻA
SZPITAL	UNIWERSYTET
LABORATORIUM	NAMIOT

42 - Mode

```
N  S  F  C  P  Y  H  J  L  N  X  A  P  C
N  I  K  N  O  R  O  K  K  I  G  O  R  D
O  B  E  Q  Y  M  A  Ż  E  I  Z  D  O  N
W  B  P  D  R  T  D  K  F  D  Y  V  S  W
O  T  K  B  R  P  W  I  T  F  A  H  T  Y
C  E  K  W  Ó  O  R  W  L  Y  T  S  Y  N
Z  K  N  J  Z  E  G  Z  K  A  C  C  S  D
E  S  Y  E  W  W  E  I  Y  H  S  Z  C  O
S  T  B  K  B  X  W  I  E  C  G  S  N  G
N  U  O  R  Y  G  I  N  A  Ł  I  D  C  Y
Y  R  V  F  L  Q  B  U  T  I  K  S  C  W
O  A  N  I  N  A  K  T  Z  L  Y  Z  K  W
S  K  R  O  M  N  Y  F  D  X  S  Q  X  I
Q  W  Y  R  A  F  I  N  O  W  A  N  Y  W
```

WYRAFINOWANY	ORYGINAŁ
SKROMNY	PRAKTYCZNY
BUTIK	KORONKI
PROSTY	HAFT
NIEDROGIE	STYL
ODZIEŻ	TKANINA
WYGODNY	PRZYCISKI
NOWOCZESNY	DROGI
WZÓR	TEKSTURA

43 - Essen #2

```
P P B W D K S Z Y N K A P R
B S Z M U C T F L N H H O Y
A Z M C Z E K O L A D A M B
K E L B X X N L G N V I I A
Ł N W R Y H I F E A S A D W
A I W M I G D A Ł B O A O S
Ż C G Y C T Ł Z W P S T R O
A A C Ł Z G U U T I Ł I T O
N S V U B A S M R B Ś H E K
J A J K O R S Y U E Y N O Ł
O Z A O A A Y A G L L Z I B
Ł G G R W P D Ż O H S E R A
P R C B Y Z R G J C D O S J
L U K Z L S K A R C Z O C H
```

JABŁKO	WIŚNIA
KARCZOCH	MIGDAŁ
BAKŁAŻAN	GRZYB
BANAN	RYŻ
BROKUŁY	SZYNKA
CHLEB	CZEKOLADA
JAJKO	SELER
RYBA	SZPARAG
JOGURT	POMIDOR
SER	PSZENICA

44 - Energie

```
D P O R T A I W Ł N T D E E
I R D O Y F Q Y O H A X L L
E Z N S I L N I K D H F E E
S E A B E N Z Y N A Ó C K K
E M W P S W D O N Z X R T T
L Y I A Ł F P A L I W O R R
P S A R O O Ł P E I C G O Y
X Ł L O Ń T N C E S F Y N C
A U N W C O J Ą D R O W Y Z
A V E Y E N B A T E R I A N
W Ę G I E L T U R B I N A Y
E F Ś R O D O W I S K O T I
E N T R O P I A P I F S X M
O E J Q M M N B O S B U H Y
```

BATERIA	PRZEMYSŁ
BENZYNA	WĘGIEL
PALIWO	SILNIK
PAROWY	JĄDROWY
DIESEL	FOTON
ELEKTRYCZNY	SŁOŃCE
ELEKTRON	TURBINA
ENTROPIA	ŚRODOWISKO
ODNAWIALNE	WODÓR
CIEPŁO	WIATR

45 - Familie

```
T I O R N M D L H K X U Q D
Y P W Q V A Z C K E U G N Z
T X R H N T I R Q D T Z K I
C Ó R K A K A K T O I C B E
N Y Z U K A D R P Z N A K C
Y S G N N Ł E B B R C L E I
F I Ł W C W K C Y P P H N Ń
D O E U W V L E Y Ż O N A S
R S G O B B K Ł J Q P L T T
N T L C A L C O Ł U D V A W
Z R U H B D Ł B F C W F R O
D A V X C E I C J O U N B Q
M Ą Ż D I K S W O C J O Q U
J D L D A D Z I E C K O X U
```

BRAT	BRATANEK
ŻONA	WUJEK
MĄŻ	SIOSTRA
WNUK	CIOTKA
BABCIA	CÓRKA
DZIADEK	OJCIEC
DZIECKO	OJCOWSKI
DZIECIŃSTWO	KUZYN
MATKA	PRZODEK

46 - Pflanzen

```
J  W  O  E  Ł  D  E  Ł  S  N  T  Z  K  H
C  A  L  O  S  A  F  Y  F  S  I  L  D  M
P  K  G  X  W  B  L  U  S  Z  C  Z  Y  T
B  R  L  O  B  P  L  Z  Ó  W  A  N  H  A
O  Z  A  W  D  M  E  Y  I  L  I  Ś  C  I
T  A  S  Z  Ó  A  O  Ł  H  O  Y  W  E  W
A  K  O  D  R  T  R  A  W  A  Ł  Z  M  K
N  B  N  P  G  Y  X  O  R  I  M  O  Ź  N
I  A  Ć  Ś  O  N  N  I  L  Ś  O  R  R  P
K  M  S  W  R  J  Y  L  K  F  W  B  Ó  C
A  B  K  Q  X  Q  F  O  M  O  E  C  D  E
J  U  A  P  Ł  A  T  E  K  Q  Z  H  Ł  L
V  S  A  D  K  A  K  T  U  S  R  N  O  Y
A  T  Z  V  L  F  Y  Ł  L  T  D  X  C  V
```

BAMBUS	FLORA
DRZEWO	OGRÓD
JAGODA	TRAWA
KWIAT	KAKTUS
PŁATEK	ZIOŁO
FASOLA	LIŚCI
BOTANIKA	MECH
KRZAK	ROŚLINNOŚĆ
NAWÓZ	LAS
BLUSZCZ	ŹRÓDŁO

47 - Kunst

```
Z  R  Ó  W  T  S  G  H  C  E  W  O  P  K
Y  A  S  Y  M  B  O  L  G  H  I  R  R  O
N  E  I  N  E  Ż  A  R  Y  W  Z  Y  O  M
Z  A  B  N  Y  W  I  C  Z  C  U  G  S  P
C  J  S  W  S  I  P  Ł  A  T  A  I  T  L
I  Z  Y  T  W  P  Y  D  R  U  L  N  Y  E
M  E  C  U  R  Q  I  Y  B  W  N  A  P  K
A  O  T  Y  A  Ó  T  R  O  V  Y  Ł  P  S
R  P  A  E  H  X  J  K  O  R  H  P  C  M
E  R  B  J  M  K  Q  M  I  W  H  Ł  H  H
C  P  Ź  R  Y  A  J  D  Y  N  A  P  K  F
E  F  E  L  J  F  T  O  J  A  A  N  T  F
P  R  Z  E  D  S  T  A  W  I  A  Ć  Y  O
S  U  R  R  E  A  L  I  Z  M  A  K  C  J
```

WYRAŻENIE	POEZJA
UCZCIWY	PRZEDSTAWIAĆ
PROSTY	STWÓRZ
TEMAT	RZEŹBA
OBRAZY	NASTRÓJ
ZAINSPIROWANY	SURREALIZM
CERAMICZNY	SYMBOL
KOMPLEKS	WIZUALNY
ORYGINAŁ	

48 - Gewürze

```
T  V  L  C  E  B  U  L  A  C  W  S  P  Y
F  P  H  U  J  R  Q  A  S  Z  N  Z  A  Ł
L  Y  E  I  K  D  O  Ł  S  O  K  A  P  Y
P  J  Z  K  K  R  N  D  B  S  A  F  R  I
S  S  K  O  Q  I  E  I  L  N  R  R  Y  K
Ó  Z  R  P  E  I  P  C  Ł  E  D  A  K  C
L  D  K  E  N  I  M  K  J  K  A  N  A  N
T  A  I  R  C  U  R  R  Y  A  M  O  S  P
J  B  Z  W  Z  V  I  H  N  I  O  M  T  G
C  P  D  Ł  K  Ł  B  A  Ś  L  N  A  Ł  B
K  K  Ź  O  S  M  M  N  A  I  X  N  X  S
N  A  O  S  M  J  I  Y  W  N  H  Y  G  Y
H  P  G  K  A  U  Ł  Ż  K  A  V  C  Z  S
J  P  L  I  K  Z  R  O  G  W  T  Ł  Z  Q
```

ANYŻ	GOŹDZIK
GORZKI	PAPRYKA
CURRY	PIEPRZ
KOPER WŁOSKI	SZAFRAN
SMAK	SÓL
IMBIR	KWAŚNY
KARDAMON	SŁODKIE
CZOSNEK	WANILIA
KMINEK	CYNAMON
LUKRECJA	CEBULA

49 - Kreativität

```
W  Y  O  B  R  A  Ź  N  I  A  W  N  W  P
P  Y  B  E  K  T  D  X  J  X  Y  W  U  R
U  Ł  Q  S  B  N  U  Y  B  E  R  P  S  Z
C  S  Y  N  Z  C  Y  T  A  M  A  R  D  E
Z  Y  Q  N  W  I  Z  J  E  D  Ż  U  W  J
U  M  P  B  N  Z  X  W  L  S  E  C  Y  R
C  O  I  D  V  O  U  N  Z  F  N  Z  N  Z
I  P  R  V  R  C  Ś  T  K  O  I  U  A  Y
A  D  A  K  G  F  Y  Ć  F  B  E  C  L  S
I  N  T  U  I  C  J  A  Ł  R  Y  I  A  T
W  I  T  A  L  N  O  Ś  Ć  A  P  E  Z  O
U  W  R  A  Ż  E  N  I  E  Z  Y  B  C  Ś
I  N  T  E  N  S  Y  W  N  O  Ś  Ć  Z  Ć
U  M  I  E  J  Ę  T  N  O  Ś  Ć  B  Y  X
```

WYRAŻENIE	POMYSŁY
OBRAZ	INTENSYWNOŚĆ
DRAMATYCZNY	INTUICJA
WRAŻENIE	PRZEJRZYSTOŚĆ
WYNALAZCZY	WYOBRAŹNIA
UMIEJĘTNOŚĆ	UCZUCIE
PŁYNNOŚĆ	WIZJE
UCZUCIA	WITALNOŚĆ

50 - Geschäft

```
P  I  E  N  I  Ą  D  Z  E  L  R  O  M  D
Ł  W  U  Ł  K  X  M  Z  W  Y  A  A  H  A
J  L  A  O  T  I  D  E  C  S  B  A  B  F
P  H  R  N  A  V  O  A  N  Z  A  E  I  Ł
D  R  L  K  D  N  C  J  C  E  T  V  U  E
S  R  A  W  O  T  H  C  K  D  D  Ł  R  A
Ż  P  I  C  P  E  Ó  Y  O  W  K  Ż  O  K
A  P  Ł  B  O  Ż  D  T  S  A  A  P  E  Y
D  U  P  W  H  D  Y  S  Z  L  R  D  H  R
E  Ł  E  O  T  U  A  E  T  U  I  Ł  S  B
Z  N  L  W  P  B  H  W  I  T  E  T  J  A
R  Y  K  W  G  H  R  N  C  A  R  T  J  F
P  J  S  R  N  X  Z  I  C  A  A  Y  W  Z
S  I  G  K  I  N  W  O  C  A  R  P  K  O
```

PRACODAWCA	KARIERA
BUDŻET	KOSZT
BIURO	MENEDŻER
DOCHÓD	PRACOWNIK
FABRYKA	RABAT
PIENIĄDZE	PODATKI
SKLEP	SPRZEDAŻ
ZYSK	TOWAR
INWESTYCJA	WALUTA

51 - Ingenieurwesen

```
N  F  Ś  B  H  L  W  D  V  S  I  Ł  A  O
N  M  A  R  G  A  I  D  P  Y  U  P  I  B
B  I  Ł  L  E  S  E  I  D  I  Z  S  V  L
Ł  U  T  Ł  K  D  W  T  A  R  C  I  E  I
C  F  D  W  Ą  C  N  V  P  Ł  E  B  A  C
I  X  Z  O  T  P  K  I  N  L  I  S  G  Z
E  C  Q  I  W  E  R  U  C  G  C  C  Q  E
N  N  J  X  O  A  Q  B  E  A  O  Ł  H  Ń
A  I  E  Ć  Ś  O  N  L  I  B  A  T  S  I
P  Ł  N  R  D  Ź  W  I  G  N  I  E  V  S
Ę  Ł  D  S  G  S  T  R  U  K  T  U  R  A
D  I  Y  S  W  I  P  O  M  I  A  R  C  D
Y  B  T  Y  J  F  A  N  Y  Z  S  A  M  I
P  L  G  Ł  Ę  B  O  K  O  Ś  Ć  V  Q  U
```

OŚ   MASZYNA
NAPĘD   POMIAR
OBLICZEŃ   SILNIK
DIAGRAM   TARCIE
DIESEL   STABILNOŚĆ
ŚREDNICA   SIŁA
ENERGIA   STRUKTURA
CIECZ   GŁĘBOKOŚĆ
DŹWIGNIE   KĄT
BUDOWA

52 - Kaffee

```
T  A  D  O  W  Z  B  K  P  Y  S  P  H  K
N  M  R  V  S  A  Ł  O  O  A  V  A  K  W
Y  I  A  O  H  X  J  F  C  Z  T  R  X  A
K  R  E  M  M  Q  R  E  H  R  A  N  O  Ś
A  E  U  O  A  A  Y  I  O  J  K  N  K  N
M  I  T  R  E  Y  T  N  D  H  N  A  E  Y
S  K  L  W  H  Y  N  A  Z  V  A  P  L  G
Z  U  E  B  J  Ć  H  B  E  V  Ż  Ó  M  O
J  C  O  T  P  W  I  L  N  W  I  J  Z  R
Z  E  E  G  J  R  T  L  I  F  L  B  T  Z
A  N  A  I  M  D  O  Y  E  G  I  P  O  K
R  A  P  U  C  W  Q  J  C  I  F  V  O  I
P  I  E  C  Z  O  N  Y  W  I  M  O  H  I
A  H  H  M  J  I  G  C  Z  A  R  N  Y  X
```

AROMAT	MLEKO
GORZKI	RANO
KREM	CENA
FILTR	KWAŚNY
CIECZ	CZARNY
PIECZONY	FILIŻANKA
SMAK	POCHODZENIE
NAPÓJ	ODMIANA
KOFEINA	WODA
MIELIĆ	CUKIER

53 - Gemüse

```
G C R C B L U A E A M P I A
X R Z F M J V Ł O T A I M V
G N O O Z F U P D W R E B U
Z P N C S U E I U Ł C T I K
F Q D X H N T W Q H H R R A
B T A L U B E C H C E U O L
Y A S E L E R K N O W S D A
Z I K A I N M E I Z K Z I F
R N Y Ł U K O R B C A K M I
G Y O U A O E Ó R R Ł A O O
B D K L Z Ż Y G U A O L P R
O L I W A I A O M K O B J L
C K A H K K A N I P Z S E S
D J S R Z E P A K T A Ł A S
```

KARCZOCH	DYNIA
BAKŁAŻAN	OLIWA
KALAFIOR	PIETRUSZKA
BROKUŁY	GRZYB
GROCH	RZEPA
OGÓREK	SAŁATKA
IMBIR	SELER
MARCHEWKA	SZPINAK
ZIEMNIAK	POMIDOR
CZOSNEK	CEBULA

54 - Katzen

```
O U L T M K X X L M D M S F
R S S E N O G O G P E D Z I
T M O D Z I K I Y L Y P A G
U I K B Y Z S Q N T N A L L
F P O U O K Z H R L W Z O A
C U L E Y W U Ł A P A U N R
I M A E N U O U R B B R Y N
E Y Ł U Z C L Ś C C A Y V Y
K Ś Ł Z S T F D Ć F Z U Q Ł
A L B K Y Ł A I M Ś E I N A
W I X F M Z O A M V W F D M
Y W H Y L W Ł X P E C P Q U
I Y N Ż E L A Z E I N K J U
X E U E S H D P R Z Ę D Z A
```

FUTRO
PRZĘDZA
MYŚLIWY
ZABAWNY
PAZUR
CZUŁY
MYSZ
CIEKAWY
OSOBOWOŚĆ
ŁAPA

SEN
SZYBKI
NIEŚMIAŁY
OGON
NIEZALEŻNY
SZALONY
FIGLARNY
MAŁY
DZIKI

55 - Schönheit

```
S  G  G  B  R  S  Ł  U  D  G  X  F  E  W
J  Z  W  G  C  E  Ł  Z  R  W  V  P  Y  I
V  S  A  Z  A  P  A  C  H  O  I  Z  M  F
G  T  U  M  R  I  J  Ł  I  B  K  F  D  O
Ł  Y  P  O  P  K  O  L  O  R  Z  E  S  T
A  L  R  S  Z  O  L  Z  T  U  C  L  K  O
D  I  O  Z  N  L  N  K  D  S  Y  E  Ó  G
K  S  D  M  L  X  K  G  W  Ł  Ż  G  R  E
I  T  U  I  U  J  Ł  L  D  U  O  A  A  N
Y  A  K  N  S  L  F  A  E  G  N  N  Q  I
Z  H  T  K  T  W  R  R  S  I  H  C  O  C
X  Z  Y  A  R  Y  N  Q  D  K  W  J  Ł  Z
E  J  E  L  O  P  A  I  G  M  A  A  W  N
K  O  S  M  E  T  Y  K  I  M  U  U  R  Y
```

ŁASKA	KOSMETYKI
UROK	SZMINKA
USŁUGI	LOKI
ZAPACH	OLEJE
ELEGANCJA	PRODUKTY
KOLOR	NOŻYCZKI
FOTOGENICZNY	SZAMPON
GŁADKI	LUSTRO
SKÓRA	STYLISTA

56 - Tanzen

```
R P O S T A W A J V F A M P
K U W I Z U A L N Y W K U A
T R C X Y K Ł A O N M A Z R
R M L H L N S R Y T M D Y T
A K U T Z S L I H R A E K N
D Y N Z C Y S A L K S M A E
Y K Z V I Ł A U R J B I W R
C V Ł O A R U T L U K A Ł B
Y U G P Ł Ł A S K A T Q L R
J O L K O K S C R B Y L Q Ł
N E M O C J A K J Ó W F U L
Y A I F A R G O E R O H C K
R A D O S N Y T K P Y H K C
W Y R A Z I S T Y P Ł P P C
```

AKADEMIA	KULTURA
ŁASKA	KULTURALNY
WYRAZISTY	SZTUKA
RUCH	MUZYKA
CHOREOGRAFIA	PARTNER
EMOCJA	PRÓBA
RADOSNY	RYTM
POSTAWA	SKOK
KLASYCZNY	TRADYCYJNY
CIAŁO	WIZUALNY

57 - Ernährung

```
Ł Z Ł B C U Z G K L O P W W
X X S B Z A D G A G A W B I
X A W Ł Ę B R S L F S B N T
N J Q I Ś F O S O F R Ł B A
P C P G Ć Y W O R D Z P D M
J A K O Ś Ć I D I P Ł K W I
A T E I D I E T E B Ł A O N
P N Y N A D O W O L G Ę W A
E E N B Y I A Ł I K Z R O G
T M L R I S N S D A S O S R
Y R A L K A Ł T Z M A Y M P
T E D D Y D Ł O C S W Ł N K
M F A R X T R K Z B O Ż A A
I U J F A C Y M A W A L J P
```

APETYT	WAGA
GORZKI	KALORIE
DIETA	WĘGLOWODANY
JADALNY	CZĘŚĆ
FERMENTACJA	BIAŁKA
SMAK	JAKOŚĆ
ZDROWY	SOS
ZDROWIE	TOKSYNA
ZBOŻA	WITAMINA

58 - Länder #1

```
B  I  R  U  M  U  N  I  A  N  F  A  Q  J
Ł  N  E  G  I  P  T  Y  N  Y  I  U  B  Q
S  D  G  Z  Y  U  M  K  C  C  N  G  R  K
E  I  K  D  H  M  D  A  R  M  L  A  P  A
N  E  A  N  C  H  X  R  L  E  A  R  Z  I
E  U  M  Z  O  G  I  I  Z  I  N  A  P  L
G  H  B  L  Ł  R  Z  S  M  N  D  K  O  Y
A  M  O  M  W  H  W  U  Z  Y  I  I  L  Z
L  A  D  A  N  A  K  E  P  P  A  N  S  A
N  N  Ż  B  B  B  X  J  G  D  A  Z  K  R
H  T  A  W  T  O  Ł  B  O  I  Y  N  A  B
W  E  N  E  Z  U  E  L  A  J  A  S  I  Ł
B  I  J  G  Y  M  Z  X  L  G  F  E  G  A
Ł  W  E  C  W  O  Z  Z  O  T  O  Y  Z  Y
```

EGIPT	ŁOTWA
BRAZYLIA	MALI
NIEMCY	NIKARAGUA
FINLANDIA	NORWEGIA
INDIE	POLSKA
IRAK	RUMUNIA
IZRAEL	SENEGAL
WŁOCHY	HISZPANIA
KAMBODŻA	WENEZUELA
KANADA	WIETNAM

59 - Science Fiction

```
O T S I K Ż Ą I S K W F W T
G T S C D I N K T B Y A Y E
I L U Z J A N D V W I N B C
P L A N E T A O N H M T U H
Q I O Y V Y C Q E L A A C N
T A J E M N I C Z Y G S H O
P W U Z W J Y K W B I T U L
U Ł E Z X A V H Ł Z N Y T O
S C E N A R I U S Z O C O G
O A K Y T K A L A G W Z P I
G P I Ł F S C U N U A N I A
I D Y S T O P I A P N Y A V
E P O A I N Z C O R Y W I Y
Ń R O B O T Y Ś W I A T I P
```

KSIĄŻKI
DYSTOPIA
WYBUCH
SKRAJNY
FANTASTYCZNY
OGIEŃ
GALAKTYKA
TAJEMNICZY
ILUZJA

WYIMAGINOWANY
KINO
WYROCZNIA
PLANETA
ROBOTY
SCENARIUSZ
TECHNOLOGIA
UTOPIA
ŚWIAT

60 - Haustiere

```
S Q K R U V Q Y U C Z L O L
A Z S Y M K Ł B Ż Ó Ł W G Ż
Q R C A Ł R Q W K W C A O Y
E E G Z P L J R S O J M N W
Q I J O E P F J K M T D X N
V N A K S N J C M O Y Z C O
U Ł S P D N I P I E S C T Ś
S O Z A D O W A B Y R A Z Ć
F K C Z G O F W K K O T E K
P P Z U C G G O C H O M I K
Q V U R L F O R K R Ó L I K
B C R Y K P J K L S E U A A
F O K V Y L W X O N I V R D
Q S A G U P A P Ł A P Y G C
```

JASZCZURKA	KROWA
ŻYWNOŚĆ	SMYCZ
RYBA	MYSZ
CHOMIK	PAPUGA
KRÓLIK	ŁAPY
PIES	ŻÓŁW
KOT	OGON
KOTEK	WODA
KOŁNIERZ	SZCZENIAK
PAZURY	KOZA

61 - Literatur

```
P  N  J  E  N  Z  S  I  Z  S  R  E  I  W
R  O  T  A  R  R  A  N  R  X  Ł  W  S  N
J  M  E  A  N  E  G  D  O  T  A  B  Ł  I
I  F  R  T  M  K  C  D  T  M  N  S  S  O
P  W  Y  A  Y  E  I  W  U  Z  C  B  N  S
B  S  T  M  R  C  A  N  A  L  I  Z  A  E
F  I  M  E  P  P  K  S  Ł  S  M  D  Y  K
D  P  O  T  L  O  A  I  G  O  L  A  N  A
I  O  Z  G  Q  E  W  O  E  Q  Y  Ł  G  K
A  P  U  J  R  V  K  I  H  H  P  L  D  K
L  Y  T  S  I  A  I  D  E  G  A  R  T  A
O  J  T  S  O  S  F  X  N  Ś  Q  C  E  Ł
G  F  I  K  C  J  A  I  Ł  Y  Ć  N  A  O
G  P  G  S  A  R  O  F  A  T  E  M  L  K
```

ANALOGIA
ANALIZA
ANEGDOTA
AUTOR
OPIS
BIOGRAFIA
DIALOG
NARRATOR
FIKCJA
WIERSZ

METAFORA
POETYCKI
RYM
RYTM
POWIEŚĆ
WNIOSEK
STYL
TEMAT
TRAGEDIA

62 - Wandern

```
N  Ł  O  J  C  S  K  I  S  S  W  A  N  K
M  T  T  S  T  Y  Ł  A  P  A  M  J  A  E
H  A  T  J  Ą  P  O  O  M  R  H  C  T  M
Z  M  Ę  C  Z  O  N  Y  Ń  I  H  A  U  P
L  I  K  L  R  W  U  Ł  W  C  E  T  R  I
S  L  U  L  E  D  Z  I  K  I  E  N  A  N
K  K  Ł  J  I  W  O  D  A  U  Y  E  I  G
Q  U  U  S  W  F  M  K  L  U  H  I  B  E
Z  G  E  M  Z  U  A  R  Ó  G  A  R  U  O
P  R  Z  E  W  O  D  N  I  K  I  O  T  B
C  I  Ę  Ż  K  I  O  H  W  C  O  Z  Y  X
W  I  E  P  V  H  G  K  L  U  H  V  J  J
I  E  I  N  A  W  O  T  O  G  Y  Z  R  P
F  Q  N  S  D  M  P  S  Z  C  Z  Y  T  Ł
```

GÓRA	CIĘŻKI
KEMPING	SŁOŃCE
PRZEWODNIKI	KAMIENIE
SZCZYT	BUTY
MAPA	ZWIERZĄT
KLIMAT	PRZYGOTOWANIE
KLIF	WODA
ZMĘCZONY	POGODA
NATURA	DZIKI
ORIENTACJA	

63 - Länder #2

```
J  M  J  N  I  G  E  R  I  A  Y  T  U  P
I  G  A  D  N  A  G  U  M  E  K  S  Y  K
D  M  P  O  W  O  Z  U  K  R  A  I  N  A
W  K  O  U  L  B  F  N  K  K  X  L  A  L
W  S  N  A  T  S  I  K  A  P  J  Q  I  H
Y  A  I  R  Y  S  E  H  W  D  I  T  D  W
M  I  A  I  R  E  B  I  L  A  P  E  N  L
G  N  F  A  E  A  C  V  W  J  V  Q  A  A
D  E  N  R  L  T  L  U  U  C  Z  H  L  O
Y  K  A  K  A  B  I  S  Z  E  U  P  R  S
R  U  D  R  T  N  A  O  I  R  T  S  I  O
C  P  U  W  L  Ł  C  N  P  G  S  E  M  A
R  O  S  J  A  H  E  J  I  I  T  I  A  H
J  A  M  A  J  K  A  O  A  A  A  L  K  W
```

ALBANIA	LIBERIA
ETIOPIA	MEKSYK
FRANCJA	NEPAL
GRECJA	NIGERIA
HAITI	PAKISTAN
IRLANDIA	ROSJA
JAMAJKA	SUDAN
JAPONIA	SYRIA
KENIA	UGANDA
LAOS	UKRAINA

64 - Fahrzeuge

```
R  C  D  Ó  H  C  O  M  A  S  P  A  C  P
E  A  C  P  Ł  Z  T  E  X  F  R  M  I  O
W  N  K  S  U  B  O  T  U  A  O  B  Ę  C
O  A  I  I  Z  D  L  R  P  S  M  U  Ż  I
R  W  N  X  E  X  O  O  W  R  C  L  A  Ą
F  A  G  A  H  T  M  Ł  Ó  D  Ź  A  R  G
U  R  Ą  T  I  K  A  M  K  Q  D  N  Ó  O
J  A  I  P  T  L  S  P  T  D  D  S  W  P
N  K  C  Z  T  J  G  N  K  R  H  H  K  O
Ś  M  I  G  Ł  O  W  I  E  C  A  A  A  N
U  P  R  Z  U  Q  S  O  W  M  S  T  E  Y
S  K  I  N  L  I  S  K  U  T  E  R  W  Y
Ł  Ó  D  Ź  P  O  D  W  O  D  N  A  Ł  A
S  M  O  T  E  T  W  D  M  K  Q  Z  W  D
```

SAMOCHÓD   SILNIK
ŁÓDŹ   RAKIETA
AUTOBUS   OPONY
ROWER   SKUTER
PROM   TAXI
TRATWA   CIĄGNIK
SAMOLOT   METRO
ŚMIGŁOWIEC   ŁÓDŹ PODWODNA
AMBULANS   KARAWANA
CIĘŻARÓWKA   POCIĄG

65 - Musikinstrumente

```
T  R  Ą  B  K  A  F  P  O  I  D  J  M  T
L  A  B  M  I  R  A  M  T  Q  J  H  A  A
L  Ł  B  K  Y  J  G  Ł  E  H  Ó  H  N  M
T  A  U  Z  K  Ł  O  J  N  A  B  L  D  B
X  J  M  U  W  V  T  Ł  R  Q  O  X  O  U
H  Ł  H  X  L  E  F  E  A  V  N  Ł  L  R
A  A  L  E  Z  C  N  O  L  O  I  W  I  Y
R  Q  O  R  O  P  O  P  K  F  N  F  N  N
F  V  E  O  J  Y  F  U  E  M  A  A  A  K
A  Q  D  A  I  Z  O  Z  G  J  I  Z  V  H
B  Ę  B  E  N  R  S  O  Ł  O  P  A  L  V
H  M  R  I  L  K  K  N  T  X  N  W  X  J
H  H  J  M  V  S  A  R  A  T  I  G  R  A
Q  K  S  Z  A  J  S  U  K  R  E  P  S  D
```

BANJO	MANDOLINA
WIOLONCZELA	MARIMBA
FAGOT	OBÓJ
FLET	PUZON
SKRZYPCE	SAKSOFON
GITARA	PERKUSJA
GONG	TAMBURYN
HARFA	BĘBEN
KLARNET	TRĄBKA
PIANINO	

66 - Blumen

```
A U H Q X H L L X E F I B P
B S D J N B I U A R Y T O Ł
M U M A K R L S I W U A W A
A K K A B D I T L S E I O T
G S M I E N O O I Ł X N M E
N I A N E Q W K L O K E D K
O B Y O R T Y R R N X D S A
L I K W W F G O W E M R X E
I H P I F B G T R C J A P D
A X P P T M I K Z Z A G Q I
R Ó Ż A Y M S A I N Ś J B H
P L U M E R I A S I M A S C
T U L I P A N S L K I L T R
I K T B A N Y Z C I N O K O
```

PŁATEK	MAGNOLIA
GARDENIA	MAK
STOKROTKA	ORCHIDEA
HIBISKUS	PIWONIA
JAŚMIN	PLUMERIA
KONICZYNA	RÓŻA
LAWENDA	SŁONECZNIK
LILIOWY	BUKIET
LILIA	TULIPAN

67 - Natur

```
P  D  R  S  A  L  M  T  F  E  X  W  C  S
S  J  Z  A  P  M  B  B  G  R  J  K  F  K
Z  E  P  I  F  O  Y  N  J  O  K  O  P  S
C  R  A  Y  K  P  K  W  B  Z  M  S  G  Y
Z  L  C  H  I  I  X  O  Y  J  U  C  X  N
O  N  K  Ę  I  P  Ł  T  J  A  I  H  X  Z
Ł  I  S  T  O  T  N  E  N  N  R  R  U  C
Y  N  L  A  K  I  P  O  R  T  A  O  K  Y
E  R  F  Q  I  C  M  X  D  Y  U  N  R  T
X  Y  Ó  Ł  V  Ś  G  D  O  Q  T  I  M  K
K  X  D  G  E  I  E  K  K  A  K  E  Z  R
U  D  C  B  Y  L  Q  Z  S  I  N  N  G  A
Z  W  I  E  R  Z  Ą  T  B  N  A  I  S  D
Y  Y  U  M  G  Ł  A  Y  S  A  S  E  X  V
```

ARKTYCZNY	ISTOTNE
GÓRY	MGŁA
PSZCZOŁY	PIĘKNO
EROZJA	SCHRONIENIE
RZEKA	ZWIERZĄT
SPOKOJNA	TROPIKALNY
SANKTUARIUM	LAS
SPOKOJNY	DZIKI
LIŚCI	

68 - Urlaub #2

```
H  J  P  R  E  S  T  A  U  R  A  C  J  A
M  A  L  B  U  W  W  U  W  L  Z  N  Z  T
A  U  A  M  G  N  I  P  M  E  K  C  A  R
G  B  Ż  P  O  V  Z  X  I  T  E  L  G  A
T  Ó  A  Q  S  R  A  G  Ł  O  N  P  R  N
A  Z  R  P  E  Y  Z  I  G  H  Y  O  A  S
C  Z  J  Y  W  D  W  E  E  G  Z  D  N  P
P  A  S  Z  P  O  R  T  J  Ą  C  R  I  O
M  N  J  V  X  G  V  X  C  I  O  Ó  C  R
Q  A  P  A  M  W  X  S  A  C  P  Ż  Z  T
J  M  L  O  T  N  I  S  K  O  Y  I  N  N
C  I  X  A  T  E  Z  D  A  P  W  B  Y  J
O  O  E  B  N  Z  K  P  W  S  K  Ł  V  E
C  T  C  U  D  Z  O  Z  I  E  M  I  E  C
```

CUDZOZIEMIEC	PASZPORT
ZAGRANICZNY	PODRÓŻ
GÓRY	RESTAURACJA
KEMPING	PLAŻA
LOTNISKO	TAXI
WYPOCZYNEK	TRANSPORT
HOTEL	WAKACJE
WYSPA	WIZA
MAPA	NAMIOT
MORZE	POCIĄG

69 - Zirkus

```
A K Z C U T Z S A R B B N P
W L W X R L B V N D B V A A
I X I Q E L I Ł F A L Z M R
D K E G L E L T I U Ł H I A
Z L R Y G W E A P Ł A M O D
H A Z K N C T E T J K Ł T A
P U Ą I O S Ł O Ń M R V R U
P N T G Ż S K M Y N O L A B
O V I A X Y T R Y W B W E S
K A G M V R Y I T W A G Z H
A S X C A G B W U T T A S R
Z R X A K Y Z U M M A W I F
A H I M Y T M A G I A R Z C
Ć S P E K T A K U L A R N Y
```

MAŁPA	MUZYKA
AKROBATA	PARADA
BALONY	SPEKTAKULARNY
KLAUN	ZWIERZĄT
SŁOŃ	TYGRYS
BILET	SZTUCZKA
ŻONGLER	MAGIK
KOSTIUM	POKAZAĆ
LEW	NAMIOT
MAGIA	WIDZ

70 - Barbecues

```
G S K O O L Ł W G K J M T K
R A Z R P Y A W Y Z R A W U
Y S P U B C N T P S C W N R
P X Ł Z J Ą E S O O B O M C
R D Ó Ł G R I L L S S Ó L Z
Z Q Y P T O N P C N Z C A A
Y T I Z H G A N I Z D O R K
J R C S O Y W V C Z Z Y W O
A P E I W C O W O Z K D S B
C S I B I K T A Ł A S Ł A I
I L Z E L E O M U Z Y K A A
E I D Ż P H G A Q C Y B O D
L J T O P R W I D E L C E M
E S U N L T Z L N K N Z E X
```

OBIAD	DZIECI
RODZINA	GOTOWANIE
PRZYJACIELE	NOŻE
OWOC	MUZYKA
WIDELCE	PIEPRZ
WARZYWA	SAŁATKI
GRILL	SÓL
GORĄCY	LATO
KURCZAK	SOS
GŁÓD	GRY

71 - Küche

M	P	B	Z	G	Y	Ł	K	E	N	W	C	Z	C
P	R	Z	Y	P	R	A	W	Y	O	I	H	A	Q
Ż	Y	W	N	O	Ś	Ć	B	J	Ż	D	O	M	P
P	S	L	D	G	R	I	L	L	E	E	C	R	D
K	I	K	Ż	Y	Ł	V	X	T	B	L	H	A	Z
U	K	E	L	O	D	Ó	W	K	A	C	L	Ż	B
B	Z	F	K	J	X	W	I	Z	L	E	A	A	A
K	C	Q	A	A	K	T	E	W	R	E	S	R	N
I	E	M	E	R	R	Y	Y	Q	N	F	I	K	E
A	Ł	X	I	S	T	N	Ł	R	U	E	P	A	K
G	A	K	C	S	G	U	I	E	O	I	E	G	Z
O	P	O	B	W	K	F	C	K	R	G	Z	Z	X
G	Ą	B	K	A	P	A	C	H	N	V	R	W	F
C	Z	A	J	N	I	K	V	G	D	K	P	T	T

ŻYWNOŚĆ	NOŻE
PAŁECZKI	PIEKARNIK
WIDELCE	PRZEPIS
ZAMRAŻARKA	FARTUCH
PRZYPRAWY	MISKA
GRILL	GĄBKA
CHOCHLA	SERWETKA
DZBANEK	KUBKI
LODÓWKA	CZAJNIK
ŁYŻKI	

72 - Geographie

```
M F V K I N W Ó R M D M T U
R I H L O G L N O H H A E Z
E J A R K N P S P X H P R G
G W P S K Ć T G Ó R A A Y E
I L A A T Ś Z Y D Y U E T P
O A N L A O K I N D U Ł O P
N W R T I K S X R E W J R P
Ł K R A W O M Ł Z T N Ł I Ó
K P O T Ś S U B O L G T U Ł
H V M W Z Y O H W U Ł U M K
P Q J Y R W C Z A C H Ó D U
P Ó Ł N O C E Z R O M M J L
W Y S P A V A G R Z E K A A
P Ł T C A U N V Z Z P J E E
```

ATLAS	KONTYNENT
RÓWNIK	KRAJ
GÓRA	MORZE
RZEKA	POŁUDNIK
TERYTORIUM	PÓŁNOC
GLOBUS	OCEAN
PÓŁKULA	REGION
WYSOKOŚĆ	MIASTO
WYSPA	ŚWIAT
MAPA	ZACHÓD

73 - Zahlen

```
S  C  T  S  Z  E  Ś  Ć  Ę  I  P  O  N  T
I  Z  D  R  T  R  Z  Y  N  A  Ś  C  I  E
E  T  Z  L  Z  W  P  L  A  L  O  O  R  S
D  E  I  D  E  Y  I  P  M  U  X  I  N  I
E  R  E  Z  N  Ć  Ę  I  W  E  I  Z  D  E
M  N  S  I  J  L  T  G  M  K  I  W  U  D
N  A  I  E  X  W  N  E  D  E  J  S  N  E
A  Ś  Ę  S  E  L  A  N  D  P  K  O  O  M
Ś  C  T  I  Q  G  Ś  C  Z  T  E  R  Y  P
C  I  N  Ę  E  I  C  Ś  A  N  S  E  Z  S
I  E  Y  Ć  K  M  I  V  R  D  Q  Z  N  W
E  Ł  L  N  N  Y  E  Y  M  H  W  U  O  C
O  S  I  E  M  N  A  Ś  C  I  E  A  J  Q
D  W  A  D  Z  I  E  Ś  C  I  A  X  P  Y
```

OSIEM	SZEŚĆ
OSIEMNAŚCIE	SZESNAŚCIE
DZIESIĘTNY	SIEDEM
TRZY	SIEDEMNAŚCIE
TRZYNAŚCIE	CZTERY
JEDEN	CZTERNAŚCIE
PIĘĆ	DZIESIĘĆ
PIĘTNAŚCIE	DWADZIEŚCIA
DZIEWIĘĆ	DWA
ZERO	

74 - Tage und Monate

```
U  L  M  I  E  S  I  Ą  C  Ś  W  C  D  G
X  U  S  T  Y  C  Z  E  Ń  R  P  Z  Ł  R
X  T  T  Z  K  O  R  U  C  O  J  W  Y  U
P  Y  L  J  E  B  C  C  E  D  Z  A  I  D
K  A  V  J  Ł  M  J  L  I  A  E  R  Z  Z
A  W  Ź  O  A  J  Q  Z  W  C  G  T  T  I
L  R  S  D  I  W  T  O  R  E  K  E  S  E
E  Z  I  A  Z  T  O  H  E  I  E  K  O  Ń
N  E  E  P  D  I  Y  P  Z  P  T  S  B  P
D  S  R  O  E  U  E  D  C  I  Ą  G  O  Z
A  I  P  T  I  S  V  R  Z  L  I  N  T  G
R  E  I  S  N  E  M  L  N  I  P  M  A  X
Z  Ń  É  I  O  I  B  S  W  I  E  D  Ł  M
U  H  Ń  L  P  S  M  J  Z  B  K  Ń  D  O
```

SIERPIEŃ	KALENDARZ
GRUDZIEŃ	ŚRODA
WTOREK	MIESIĄC
CZWARTEK	PONIEDZIAŁEK
LUTY	LISTOPAD
PIĄTEK	PAŹDZIERNIK
ROK	SOBOTA
STYCZEŃ	WRZESIEŃ
LIPIEC	TYDZIEŃ
CZERWIEC	

75 - Zu Füllen

```
W  J  O  Ł  E  I  N  Y  Z  C  A  N  B  D
E  A  O  D  E  K  O  P  E  R  T  A  A  J
L  D  L  R  X  L  Z  D  T  A  C  A  S  B
A  A  A  I  V  I  A  P  T  N  Z  P  E  E
N  L  D  O  Z  F  W  U  J  N  P  M  N  C
P  F  Q  Ł  D  K  U  D  N  A  C  X  H  Z
Z  U  H  Z  J  I  A  E  J  W  Ł  R  Y  K
G  Z  R  H  B  O  W  Ł  I  N  K  P  W  A
W  S  D  U  T  Ł  O  K  J  L  G  J  W  Q
X  I  Z  C  R  S  N  O  T  R  A  K  Ł  V
R  L  A  K  Q  A  P  A  K  I  E  T  O  R
Ł  R  I  D  S  K  R  Z  Y  N  I  A  C  S
M  Z  B  B  R  E  D  L  O  F  K  O  S  Z
T  O  R  B  A  O  B  U  T  E  L  K  A  E
```

BASEN	FOLDER
PUDEŁKO	PAKIET
WIADRO	RURA
BECZKA	NACZYNIE
BUTELKA	SZUFLADA
KARTON	TACA
SKRZYNIA	TORBA
WALIZKA	KOPERTA
KOSZ	WAZON
SŁOIK	WANNA

76 - Das Unternehmen

```
Z  I  Ł  B  E  M  Ł  P  Q  I  O  V  W  P
T  A  N  G  H  F  V  O  A  K  Y  Z  Y  R
W  J  T  N  E  Z  O  S  T  T  B  D  N  Z
Ó  C  P  R  O  I  Y  T  Z  S  O  E  A  Y
R  Y  R  V  U  W  Y  Ę  N  O  S  C  G  C
C  T  O  S  Q  D  A  P  G  N  A  Y  R  H
Z  S  D  Ł  C  J  N  C  Y  D  Z  Z  O  Ó
Y  E  U  J  M  T  A  I  Y  E  Z  J  D  D
V  W  K  C  W  K  C  K  E  J  Ł  A  Z  B
R  N  T  T  U  Z  D  Z  O  N  N  Ł  E  I
L  I  J  C  S  V  D  Q  I  Ś  I  Y  N  Z
M  O  Ż  L  I  W  O  Ś  Ć  N  Ć  E  I  N
C  P  R  E  Z  E  N  T  A  C  J  A  E  E
Q  Ł  G  X  D  Ś  W  I  A  T  O  W  Y  S
```

ZATRUDNIENIE
JEDNOSTKI
PRZYCHÓD
DECYZJA
POSTĘP
BIZNES
ŚWIATOWY
INNOWACYJNY
INWESTYCJA

TWÓRCZY
WYNAGRODZENIE
MOŻLIWOŚĆ
PREZENTACJA
PRODUKT
JAKOŚĆ
ZASOBY
RYZYKA

77 - Kräuterkunde

```
T  O  B  L  A  W  E  N  D  A  N  Y  K  S
Y  G  A  W  N  A  M  S  P  L  C  P  O  K
M  R  Z  R  C  V  A  J  M  E  Q  P  P  Ł
I  Ó  Y  O  Z  A  J  X  Y  A  K  I  E  A
A  D  L  Z  O  J  E  O  N  C  K  E  R  D
N  X  I  M  S  J  R  I  R  L  K  T  W  N
E  B  A  A  N  Y  A  B  A  Q  W  R  Ł  I
K  L  K  R  E  B  N  N  N  Ł  I  U  O  K
U  G  N  Y  K  J  E  O  I  Ł  A  S  S  J
C  T  H  N  R  K  K  Q  L  A  T  Z  K  A
A  F  A  V  M  C  O  W  U  E  B  K  I  K
S  Z  A  F  R  A  N  P  K  C  I  A  V  O
E  S  T  R  A  G  O  N  E  L  D  Z  H  Ś
Ł  G  X  Y  N  T  S  Y  Z  R  O  K  R  Ć
```

BAZYLIA	LAWENDA
KWIAT	MAJERANEK
KOPER	PIETRUSZKA
ESTRAGON	JAKOŚĆ
KOPER WŁOSKI	ROZMARYN
OGRÓD	SZAFRAN
SMAK	TYMIANEK
ZIELONY	KORZYSTNY
CZOSNEK	SKŁADNIK
KULINARNY	

78 - Tugenden #1

```
I  N  T  E  L  I  G  E  N  T  N  Y  P  W
G  A  Q  C  B  Z  A  B  A  W  N  Y  R  X
D  B  F  C  W  Y  O  H  O  J  N  Y  A  M
D  E  C  Y  D  U  J  Ą  C  Y  X  T  K  S
Y  W  A  K  E  I  C  C  R  K  J  S  T  P
N  A  R  T  Y  S  T  Y  C  Z  N  Y  Y  O
D  P  N  N  U  M  S  V  I  E  Z  C  M
O  E  H  E  T  G  R  Ą  K  V  U  C  Z  O
W  W  Y  J  Ę  R  N  O  D  R  Y  Q  N  C
A  N  H  C  I  J  Ł  Y  C  R  O  D  Y  N
Z  I  W  A  M  X  C  R  A  Z  Y  M  F  Y
E  K  H  P  A  D  O  B  R  Y  Y  R  N  Z
I  W  M  D  N  W  Y  D  A  J  N  Y  K  Y
N  I  E  Z  A  L  E  Ż  N  Y  Z  K  P  G
```

SKROMNY	ARTYSTYCZNY
UROCZY	NAMIĘTNY
WYDAJNY	CIEKAWY
DECYDUJĄCY	PRAKTYCZNY
PACJENT	CZYSTY
HOJNY	NIEZALEŻNY
DOBRY	MĄDRY
POMOCNY	NIEZAWODNY
INTELIGENTNY	PEWNI
ZABAWNY	

79 - Aktivitäten und Freizeit

```
O  W  T  S  R  A  L  A  M  Q  R  P  S  N
B  D  J  K  S  Z  T  U  K  A  R  I  I  U
Z  A  P  G  F  M  E  Z  S  S  W  Ł  A  R
W  A  S  R  S  U  R  F  I  N  G  K  T  K
Ę  K  K  E  Ę  C  A  L  N  G  F  A  K  O
D  W  K  U  B  Ż  G  Z  E  O  D  N  Ó  W
K  Ó  E  Z  P  A  A  N  T  L  J  O  W  A
A  K  M  P  T  Y  L  J  C  F  K  Ż  K  N
R  Y  P  O  Y  X  Q  L  Ą  K  M  N  A  I
S  Z  I  D  B  O  K  S  H  C  R  A  B  E
T  S  N  R  P  E  I  N  A  W  Y  Ł  P  V
W  O  G  Ó  W  Y  Ś  C  I  G  I  W  R  O
O  K  M  Ż  A  G  W  Ę  D  R  Ó  W  K  I
O  G  R  O  D  N  I  C  T  W  O  L  O  L
```

WĘDKARSTWO	GOLF
BASEBALL	SZTUKA
KOSZYKÓWKA	PODRÓŻ
BOKS	WYŚCIGI
KEMPING	PŁYWANIE
ZAKUPY	SURFING
ODPRĘŻAJĄCY	NURKOWANIE
PIŁKA NOŻNA	TENIS
OGRODNICTWO	SIATKÓWKA
MALARSTWO	WĘDRÓWKI

80 - Formen

```
K M F E I Z D Ę W A R K O N
Q X R L A L O B R E P I H A
P D P I U I K U Ł D H V J R
K C T P D Z R S T O Ż E K O
Q R Ł S C T Ą K J Ó R T R Ż
A J Z A W A G I S A O L W N
E L L Y A R Ł G B H X W X I
T X B B W D Y L I N I A A K
K O Ł O F A D I M A R I P L
N V B Y E W B O K T T R Z A
J O Ł Z O K W I E L O K Ą T
S Z E Ś C I A N P F J N A U
F T J P P R Y Z M A T U H Z
A K L U H P R O S T O K Ą T
```

ŁUK	OWAL
TRÓJKĄT	WIELOKĄT
NAROŻNIK	PRYZMAT
ELIPSA	PIRAMIDA
HIPERBOLA	KWADRAT
KRAWĘDZIE	PROSTOKĄT
STOŻEK	OKRĄGŁY
KOŁO	BOK
KRZYWA	SZEŚCIAN
LINIA	

81 - Musik

```
I  T  E  M  P  O  Y  M  L  Ł  C  C  J  W
X  M  Y  I  K  D  N  U  U  F  P  C  C  B
U  C  P  L  B  L  Z  D  Y  S  L  X  L  I
M  H  U  R  Ó  H  C  R  L  N  I  O  A  A
K  I  B  C  O  X  Y  M  Z  J  G  C  A  G
L  K  K  U  U  W  R  O  P  E  R  A  A  J
A  C  S  R  O  A  I  D  O  L  E  M  Ł  L
S  Y  S  I  O  B  L  Z  F  V  A  U  A  Ś
Y  T  F  K  X  F  G  F  O  J  K  Z  L  P
C  E  H  F  R  R  O  O  E  W  H  Y  B  I
Z  O  N  H  I  Ł  J  N  U  J  A  K  U  E
N  P  L  P  Ł  K  C  R  Y  T  M  Ć  M  W
Y  R  P  I  O  S  E  N  K  A  R  Z  T  A
V  I  R  B  A  L  L  A  D  A  G  A  D  Ć
```

ALBUM	MUSICAL
BALLADA	MUZYK
CHÓR	OPERA
IMPROWIZOWAĆ	POETYCKI
KLASYCZNY	RYTM
LIRYCZNY	PIOSENKARZ
MELODIA	ŚPIEWAĆ
MIKROFON	TEMPO

82 - Antiquitäten

```
A  Ć  Ś  O  K  A  J  Z  M  D  C  O  G  S
U  B  P  R  B  I  G  Q  X  E  E  O  A  T
T  Ć  Ś  O  T  R  A  W  W  I  B  A  T  A
E  N  C  Y  S  E  A  N  L  C  J  L  J  R
N  A  Y  N  Z  T  P  Z  F  E  S  Y  E  Y
T  T  Q  J  T  U  F  A  Y  L  M  T  I  E
Y  S  R  Y  U  Ż  G  C  J  U  S  S  B  L
C  A  Z  C  K  I  Y  A  F  T  N  B  U  E
Z  J  E  A  A  B  S  G  L  S  S  O  K  G
N  Z  Ź  R  Y  B  L  U  P  E  H  V  B  A
Y  U  B  O  P  L  Ł  H  F  W  R  Ł  R  N
Y  T  A  K  M  O  N  E  T  Y  K  I  R  C
F  N  I  E  Z  W  Y  K  Ł  Y  F  P  A  K
R  E  Q  D  C  E  N  A  S  T  A  N  G  I
```

STARY	MONETY
AUTENTYCZNY	CENA
DEKORACYJNY	JAKOŚĆ
ELEGANCKI	BIŻUTERIA
ENTUZJASTA	RZEŹBA
GALERIA	STYL
OBRAZY	NIEZWYKŁY
STULECIE	WARTOŚĆ
SZTUKA	STAN
MEBLE	

83 - Adjektive #2

```
O  N  T  P  Y  E  D  J  H  R  U  H  S  T
R  O  W  I  N  L  R  S  A  R  S  P  E  G
T  W  Ó  K  W  E  A  D  R  D  L  P  P  L
B  Y  R  A  Y  G  M  F  A  F  A  G  N  K
I  N  C  N  T  A  A  Y  K  J  E  L  O  G
N  W  Z  T  K  N  T  O  F  Q  X  B  N  M
S  A  Y  N  U  C  Y  W  O  S  I  P  O  Y
Ł  Ł  T  Y  D  K  C  W  N  Z  U  O  W  N
O  S  I  U  O  I  Z  Y  S  D  S  A  L  M
N  D  H  O  R  W  N  S  I  R  X  P  X  U
Y  K  E  K  P  A  Y  P  L  O  Q  N  B  D
Ś  W  I  E  Ż  Y  L  Z  N  W  Z  D  E  Ł
G  Ł  O  D  N  Y  T  N  Y  Y  N  Y  D  S
N  O  R  M  A  L  N  A  Y  D  Z  I  K  I
```

SŁAWNY	NATURALNY
OPISOWY	NOWY
DRAMATYCZNY	NORMALNA
ELEGANCKI	PRODUKTYWNY
JADALNY	SŁONY
ŚWIEŻY	SILNY
ZDROWY	DUMNY
GŁODNY	DZIKI
TWÓRCZY	PIKANTNY

84 - Kleidung

```
N  S  A  P  K  A  P  E  L  U  S  Z  D  M
A  P  B  R  A  N  S  O  L  E  T  K  A  O
S  Ó  B  U  R  M  J  N  S  R  U  O  X  D
Z  D  P  Ł  A  S  Z  C  Z  W  B  C  A  A
Y  N  S  P  O  D  N  I  E  T  E  M  K  I
J  I  K  Z  C  I  W  A  K  Ę  R  T  N  Q
N  C  Z  F  Y  S  N  I  Ż  D  M  Q  E  E
I  A  S  A  X  L  N  R  S  N  Q  F  I  R
K  L  Z  R  R  N  J  E  K  U  R  T  K  A
P  U  A  T  V  A  T  T  B  C  B  L  U  M
N  Z  L  U  N  C  M  U  L  E  N  P  S  A
F  S  I  C  V  D  G  Ż  U  I  S  D  D  Ż
S  O  K  H  O  Y  P  I  Z  H  A  R  W  I
S  K  K  V  W  J  X  B  A  E  V  J  E  P
```

BRANSOLETKA	SUKIENKA
BLUZA	PŁASZCZ
PAS	MODA
NASZYJNIK	SWETER
RĘKAWICZKI	SPÓDNICA
KOSZULA	SZALIK
SPODNIE	PIŻAMA
KAPELUSZ	BIŻUTERIA
KURTKA	BUT
DŻINSY	FARTUCH

85 - Haus

```
V K O O B J U Y O M J I J R
V O L K Ż A R A G R E X U B
K M N U N I D E R M K B N L
T I F U S O H F O I O R L F
A N F B X T W G D O M L P E
O G R Ó D K R M Z T I A O V
K U C H N I A O E Ł N M K G
P R Y S Z N I C N A E P Ó T
S G K Q Ś Q U Z I G K A J R
T L M H C A D U E P B I U X
R Y J H I W Z R D C Q E X R
Y Z E Q A K E T O I L B I B
C Q C N N R U O Y H U A P G
H A E K A I N L A I P Y S K
```

MIOTŁA	KUCHNIA
BIBLIOTEKA	LAMPA
DACH	MEBLE
STRYCH	SYPIALNIA
SUFIT	KOMIN
PRYSZNIC	LUSTRO
OKNO	DRZWI
GARAŻ	ŚCIANA
OGRÓD	OGRODZENIE
KOMINEK	POKÓJ

86 - Bauernhof #1

```
O Q C M U B Z D C M F E M Z
G B Ł R D S X A Q I M Y I K
R B K A Z C R U K T E F Ó X
O A D R R Y Ż M C P L L D Ł
D Y E W O N A I S T O K Ę U
Z Ń O K C W U Ł C T P Z A W
E T W S Ł O Ł O Z C Z S P
N O T W O D A H X Ó D I T Q
I V C O I S I U U W X E H Q
E P I E S D N V K A X M Q Z
H J N K O O I I L N V I P U
T L L Z O D W N W J L A P C
H N O Y Z Z Ś W R O N A Z V
U H R E S S A Z F B Y R C M
```

PSZCZOŁA	WRONA
NAWÓZ	KROWA
OSIOŁ	ZIEMIA
POLE	ROLNICTWO
SIANO	KOŃ
MIÓD	RYŻ
KURCZAK	ŚWINIA
PIES	WODA
CIELĘ	OGRODZENIE
KOT	KOZA

87 - Regierung

```
D Z I E L N I C A E N D V F
O J A Q R L E L Q W I K T X
A O S Ć Z U I H Q O E R J B
J M R Ś K C K D P J Z U N D
C O P O M N I K E A A N I Y
A W J N A J P G K R L A P S
R A Y L O B M Y S K E R O K
K Ó Q O W A R P W Z Ż Ó L U
O F W W C H Y A T A N D I S
M K H N U P U W U F O S T J
E A O K O X E F O G Ś N Y A
D U I I D Ś Ł B C D Ć A K F
N M J Ł J Y Ć M X M Ą T A B
P R A W A N J O K O P S E V
```

DZIELNICA	SĄDOWY
DEMOKRACJA	NARÓD
POMNIK	KRAJOWE
DYSKUSJA	POLITYKA
WOLNOŚĆ	PRAWA
SPOKOJNA	MOWA
LIDER	STAN
PRAWO	SYMBOL
RÓWNOŚĆ	NIEZALEŻNOŚĆ

88 - Berufe #1

```
W G E B L H Ł K P A P T A V
F H E T O F S R I M I R S M
I M D O O J C A A B E E T E
P M Ł W L W H W N A L N R C
G U P K U O V I I S Ę E O H
L E K A R Z G E S A G R N A
A R T Y S T A C T D N T O N
P R A W N I K L A O I A M I
K A R T O G R A F R A N M K
J U B I L E R K W W R C U S
P S Y C H O L O G A K E Z T
K S I Ę G O W Y T G A R Y S
H Y D R A U L I K C Q Z K O
V G V B A N K I E R J K D Y
```

LEKARZ	ARTYSTA
ASTRONOM	MECHANIK
BANKIER	MUZYK
AMBASADOR	PIANISTA
KSIĘGOWY	PSYCHOLOG
GEOLOG	PRAWNIK
JUBILER	KRAWIEC
KARTOGRAF	TANCERZ
HYDRAULIK	TRENER
PIELĘGNIARKA	

89 - Adjektive #1

```
D O S K O N A Ł Y Z D A N N
C F R K D L F Y N M O R G O
A R T Y S T Y C Z N Y J B W
C C A T R A K C Y J N Y L O
A P E G L U Y D I K Ż Ę I C
M Ł Y N Z C Y T A M O R A Z
F N E Y N W Y T K A N D F E
Y D J Y H Y C I E M N Y M S
Y W I L Ś Ę Z C Z S X T O N
N C I E N K I L O W O P Y Y
K Z H C I D E N T Y C Z N Y
Ę G O E Z A B S O L U T N Y
I Ł W K W C N I E W I N N Y
P W A Ż N Y U G Ł Ę B O K I
```

ABSOLUTNY	POWOLI
AKTYWNY	NOWOCZESNY
AROMATYCZNY	DOSKONAŁY
ATRAKCYJNY	OGROMNY
CIEMNY	PIĘKNY
CIENKI	CIĘŻKI
UCZCIWY	GŁĘBOKI
SZCZĘŚLIWY	NIEWINNY
IDENTYCZNY	CENNY
ARTYSTYCZNY	WAŻNY

90 - Geometrie

```
E O T S V I V Z R G I Y P V
R O G A U F P A I Y Y L O N
W Ó A C Ń N S T A R D A W K
Y W W I Y E T Ą P Ł B I I G
S Y Y N M M Z K L O X R E A
O M Z D O A J C R O P O R P
K I R E I L R M I E C E Z J
O A K R Z W E W Y L J T C T
Ś R P Ś O I M G C P B Q H R
Ć D E V P W U R Ł Z P O N Ó
L O G I K A N U W Y Ł Ł I J
S Y M E T R I A S A M O A K
R Ó W N A N I E Z M E K N Ą
P C R Q F D Y C B E K E C T
```

PROPORCJA	LOGIKA
OBLICZEŃ	MASA
WYMIAR	NUMER
TRÓJKĄT	POWIERZCHNIA
ŚREDNICA	RÓWNOLEGŁY
RÓWNANIE	KWADRAT
POZIOMY	CZŁON
WYSOKOŚĆ	SYMETRIA
KOŁO	TEORIA
KRZYWA	KĄT

91 - Jazz

```
G A T U N E K E O C T B U K
D M I I N P I G L C A T L O
E O I Ł Z L I G Y Z L R U M
S Ł A W N Y U O T J E E B P
O K L A S K I L S S N C I O
O Q A A H I Z O X E T N O Z
D N L V R S P S W O N O N Y
H K B X A T S T A R Y K E T
W W U N R T Y C Y Z U M A O
M K M O H Y I S U M B N K R
F R R W X C T B T N H L Y K
Z Ł N Y J G Q M X A T F Z M
I M P R O W I Z A C J A U B
O R K I E S T R A N E M M I
```

ALBUM	PIOSENKA
STARY	MUZYKA
OKLASKI	MUZYCY
SŁAWNY	NOWY
ULUBIONE	ORKIESTRA
GATUNEK	RYTM
IMPROWIZACJA	SOLO
KOMPOZYTOR	STYL
KONCERT	TALENT
ARTYSTA	

92 - Mathematik

```
W I E L O K Ą T O B W Ó D Ś
R X O W Ć C E I N A N W Ó R
Ó F S C Ś S Y M E T R I A E
W R G C O P R O M I E Ń M D
N A K Y T E M T Y R A S I N
O K I N Ę M G Ł U A M M F I
L C N T J A T D A I T O J C
E J D Ę B I A M Ł R M V Y A
G A A I O P R O S T O K Ą T
Ł F Ł S F U D H Z E B A S O
O L K E E L A S J M R J R Z
B C Y I I R W U G O W C Z Q
O E W Z D U K M M E K Ą T Y
K Ł E D I R Y A B G O T W A
```

ARYTMETYKA   KWADRAT
FRAKCJA   PROMIEŃ
DZIESIĘTNY   PROSTOKĄT
ŚREDNICA   SUMA
WYKŁADNIK   SYMETRIA
GEOMETRIA   OBWÓD
RÓWNANIE   OBJĘTOŚĆ
RÓWNOLEGŁOBOK   KĄTY
WIELOKĄT

93 - Messungen

```
I  L  P  K  R  O  Ł  M  G  U  M  Y  T  G
L  Ł  L  Y  N  T  Ę  I  S  E  I  Z  D  Ł
G  R  A  M  A  J  C  N  U  J  G  N  Y  Ę
C  G  M  O  G  A  R  U  G  K  S  S  N  B
B  A  K  W  A  B  E  T  Ń  O  S  D  C  O
G  X  N  N  W  I  O  A  E  T  Z  O  E  K
W  Y  S  O  K  O  Ś  Ć  I  M  E  B  N  O
K  M  L  Y  T  Ł  G  M  P  A  R  J  T  Ś
D  Ł  U  G  O  Ś  Ć  A  O  R  O  Ę  Y  Ć
L  R  U  Y  O  Q  T  S  T  G  K  T  M  C
Y  I  Z  J  B  X  V  A  S  O  O  O  E  A
D  R  T  E  M  O  L  I  K  L  Ś  Ś  T  L
X  B  X  R  B  G  U  K  E  I  Ć  Ć  R  Ł
Y  O  W  M  V  Z  Ł  Z  L  K  S  K  J  D
```

SZEROKOŚĆ	LITR
BAJT	MASA
DZIESIĘTNY	METR
WAGA	MINUTA
STOPIEŃ	GŁĘBOKOŚĆ
GRAM	TONA
WYSOKOŚĆ	UNCJA
KILOGRAM	OBJĘTOŚĆ
KILOMETR	CENTYMETR
DŁUGOŚĆ	CAL

94 - Psychologie

```
W  P  O  D  Ś  W  I  A  D  O  M  Y  E  E
N  P  W  M  U  C  Z  U  C  I  E  N  G  F
P  I  Ł  Y  V  C  E  I  N  A  N  Z  O  P
O  L  E  Y  C  A  Ł  G  I  I  K  C  S  F
M  M  M  P  W  L  F  E  M  P  O  I  P  U
Y  T  E  B  R  Y  N  I  A  A  N  N  O  Ł
S  B  L  N  Z  Z  X  O  N  R  F  I  T  U
Ł  L  B  J  B  A  Y  Z  E  E  L  L  K  J
Y  D  O  B  X  T  Y  T  C  T  I  K  A  W
M  A  R  Z  E  N  I  A  O  D  K  M  N  E
Y  N  P  M  Y  Ś  L  I  T  M  T  N  I  I
Z  A  C  H  O  W  A  N  I  E  N  R  E  W
O  S  O  B  O  W  O  Ś  Ć  N  Y  Y  W  P
O  Y  P  O  S  T  R  Z  E  G  A  N  I  E
```

OCENA	OSOBOWOŚĆ
NIEPRZYTOMNY	PROBLEM
EGO	UCZUCIE
WPŁYWY	SPOTKANIE
MYŚLI	TERAPIA
POMYSŁY	MARZENIA
KLINICZNY	PODŚWIADOMY
POZNANIE	ZACHOWANIE
KONFLIKT	POSTRZEGANIE

95 - Bauernhof #2

```
O N W E B N A O D J Q T B V
N W L A Ł O D O T S O W O C
A U C Z R Z A C I N E Z S P
W J X E W Z S R V O X V S D
A K Ą Ł G O Y K I N G Ą I C
D I W L C U R W A M A L V V
N N I Q F I C Y O C Y B N X
I L A M T M C Ł L G Z I B I
A O T Ę I N G A J X U K T I
N R R Ń E I M Z C Ę J X A M
I U A K U K U R Y D Z A U L
E Y K I F U W J P F L V L J
N V E N X K D O K E L M J E
P A S T E R Z D T I F V Ł C
```

ROLNIK	MLEKO
NAWADNIANIE	SAD
UL	DOJRZAŁY
KACZKA	OWCE
OWOC	PASTERZ
WARZYWO	STODOŁA
JĘCZMIEŃ	CIĄGNIK
LAMA	PSZENICA
JAGNIĘ	ŁĄKA
KUKURYDZA	WIATRAK

96 - Gartenarbeit

```
S E Z O N O W Y A T W Ć N D
K W E F K E N U T A G Ą E S
O O V D A G F A E M E N Ż O
M D W S M Z H F I I X T Q B
P A I O E O C K K L D I I R
O Ł L X W T T V U K P W Z U
S S G T G Y Q I B R H K Ł D
T N O Y P C Ł O X M X C P A
X A Ć Y N Z C I N A T O B B
Q S B K I N M E J O P S A D
D I H E B Y N L A D A J Y K
B O L W L E P Ł I C Ś I L M
I N H W I G C B K Ś A U T Q
K A Z I B N P N G D Ć Y A R
```

GATUNEK	KOMPOST
LIŚĆ	LIŚCI
KWITNĄĆ	SAD
GLEBA	NASIONA
BOTANICZNY	SEZONOWY
POJEMNIK	WĄŻ
JADALNY	BRUD
EGZOTYCZNY	BUKIET
WILGOĆ	WODA
KLIMAT	

97 - Berufe #2

```
F O T O G R A F A W Z M G P
Z O O L O G F Ł S Y X J C I
T W L Z K X G D T N Z Ę H L
Ł Z Z C A D A B R A R Z I O
U I D D T R G L O L A Y R T
Z L F W S F Z B N A K K U O
R E I N Y Ż N I A Z I O R G
A Y L D T T E M U C N Z G R
K P O G N T K P T A N N O O
E P Z R E Q Ł E A Ł E A L D
L U O P D U H M T Y I W O N
X E F M A L A R Z E Z C I I
I L U S T R A T O R D A B K
B I B L I O T E K A R Z T J
```

LEKARZ	ILUSTRATOR
ASTRONAUTA	INŻYNIER
BIBLIOTEKARZ	DZIENNIKARZ
BIOLOG	JĘZYKOZNAWCA
CHIRURG	MALARZ
DETEKTYW	FILOZOF
WYNALAZCA	PILOT
BADACZ	DENTYSTA
FOTOGRAF	ZOOLOG
OGRODNIK	

98 - Wetter

```
M  G  Ł  A  Z  S  U  S  G  O  C  L  A  R
H  B  L  T  A  Z  C  Ę  T  O  H  Ł  T  E
U  C  P  A  R  W  H  V  P  D  M  R  M  I
M  D  I  M  U  O  I  T  N  N  U  T  O  X
W  M  O  I  T  B  P  A  S  Y  R  X  S  W
G  N  R  L  A  E  I  I  T  N  A  C  F  T
H  I  U  K  R  I  R  G  K  R  O  N  E  O
U  G  N  K  E  N  F  P  F  A  E  U  R  R
R  R  C  X  P  B  E  F  W  L  L  S  A  N
A  Z  I  N  M  K  R  Y  N  O  W  N  Ł  A
G  M  N  D  E  S  T  Y  Ł  P  K  O  Y  D
A  O  W  K  T  L  Ó  D  Z  R  J  M  R  O
N  T  S  U  C  H  Y  P  K  A  Z  R  U  B
J  Q  R  N  H  R  T  H  Q  U  W  S  H  U
```

ATMOSFERA	MGŁA
PIORUN	POLARNY
BRYZA	TĘCZA
GRZMOT	BURZA
SUSZA	TEMPERATURA
LÓD	TORNADO
NIEBO	SUCHY
HURAGAN	TROPIKALNY
KLIMAT	WIATR
MONSUN	CHMURA

99 - Chemie

```
N  R  B  F  Ł  M  G  A  Z  D  Z  E  O  C
T  E  M  P  E  R  A  T  U  R  A  L  R  Z
C  E  L  T  E  S  J  R  H  O  T  E  G  Ą
J  I  Z  H  B  I  E  N  Z  Y  M  K  A  S
Y  O  E  A  D  X  C  A  X  B  O  T  N  T
V  Ł  N  P  I  A  J  C  K  A  E  R  I  E
V  N  E  V  Ł  Y  O  F  R  G  S  O  C  C
S  H  L  O  Q  O  X  U  X  A  F  N  Z  Z
S  Ó  T  T  D  F  H  P  A  W  C  W  N  K
J  S  L  E  I  G  Ę  W  H  L  H  O  Y  A
A  L  K  A  L  I  C  Z  N  Y  L  D  J  Q
A  C  I  E  C  Z  K  W  A  S  O  Ó  W  X
J  Ą  D  R  O  W  Y  T  L  C  R  R  J  O
K  A  T  A  L  I  Z  A  T  O  R  F  T  E
```

ALKALICZNY	WĘGIEL
CHLOR	CZĄSTECZKA
ELEKTRON	JĄDROWY
ENZYM	ORGANICZNY
CIECZ	REAKCJA
GAZ	SÓL
WAGA	TLEN
CIEPŁO	KWAS
JON	TEMPERATURA
KATALIZATOR	WODÓR

1 - Gesundheit und Wellness #2

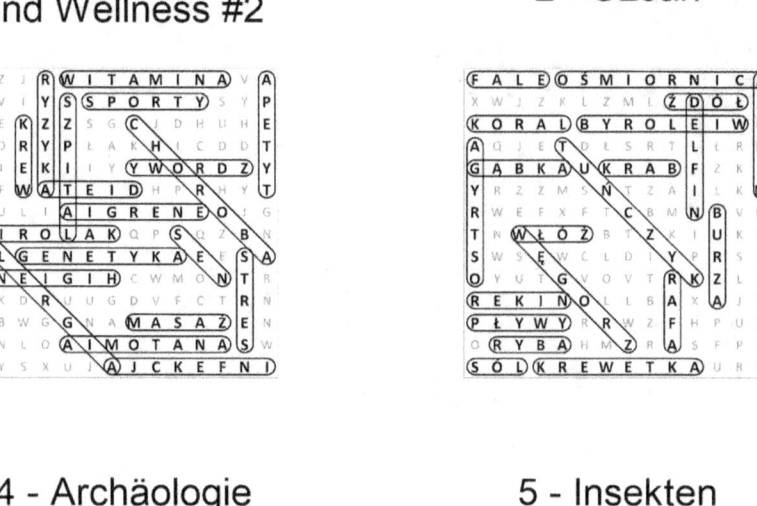

2 - Ozean

3 - Meditation

4 - Archäologie

5 - Insekten

6 - Gesundheit und Wellness #1

7 - Obst

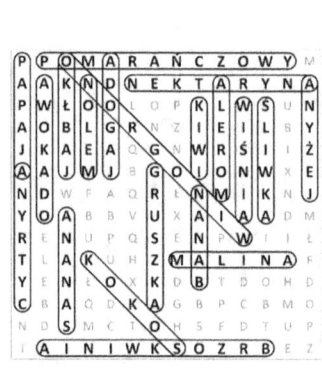

8 - Universum

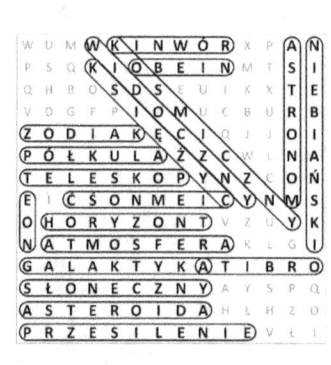

9 - Camping

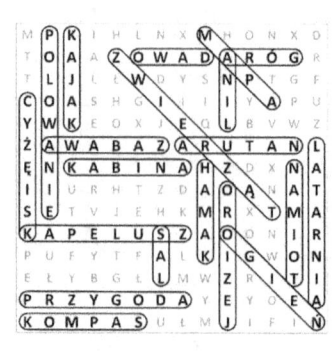

10 - Zeit

11 - Säugetiere

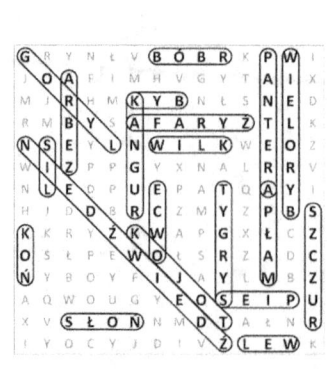

12 - Algebra

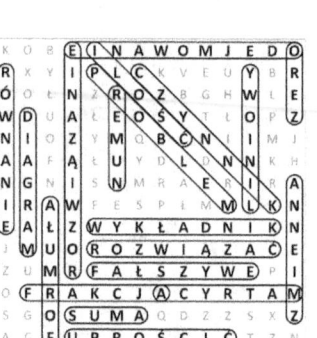

13 - Philanthropie

14 - Diplomatie

15 - Astronomie

16 - Ballett

17 - Geologie

18 - Wissenschaft

19 - Sport

20 - Mythologie

21 - Restaurant #2

22 - Ökologie

23 - Boote

24 - Stadt

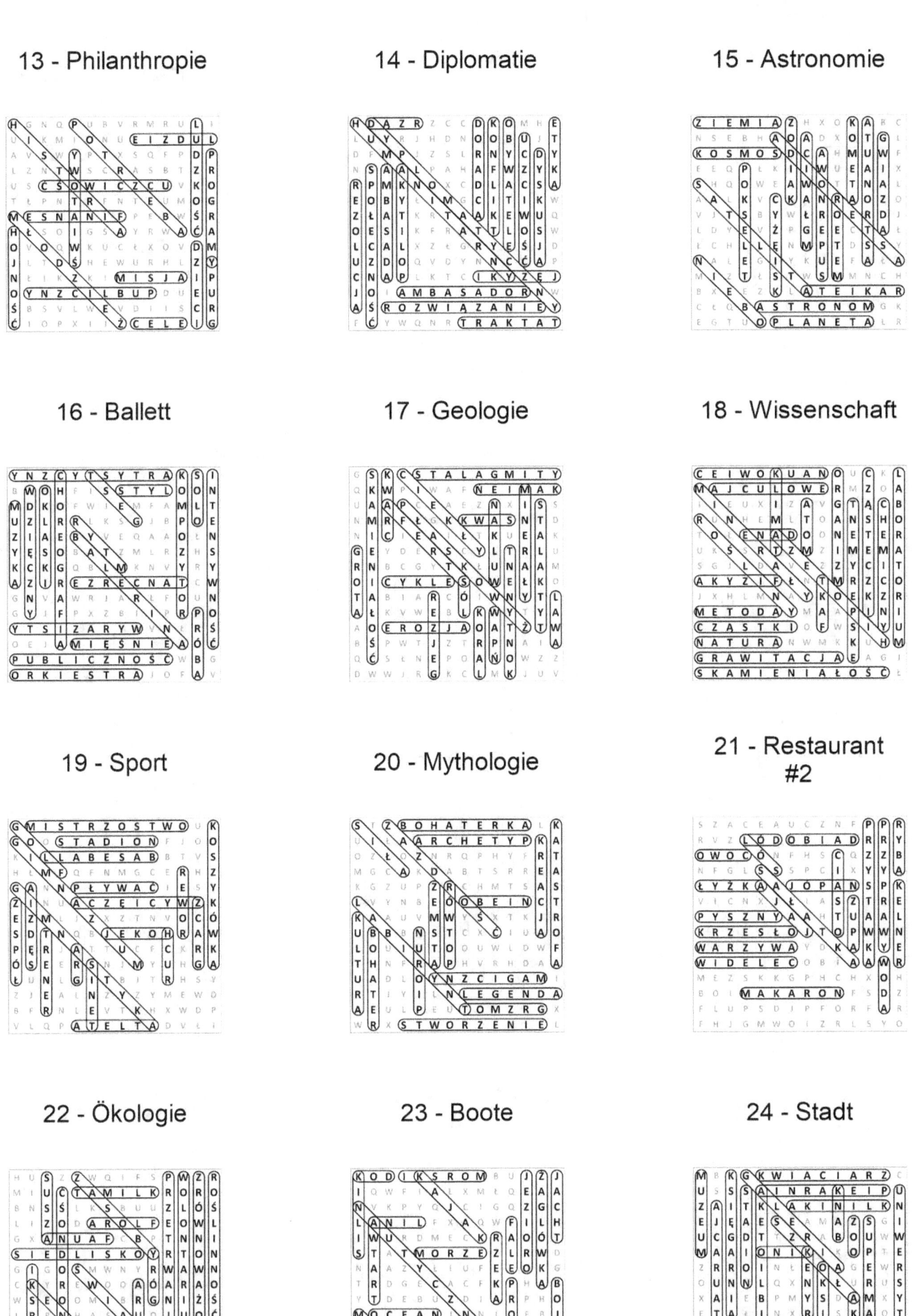

25 - Aktivitäten

26 - Bienen

27 - Wissenschaftliche

28 - Vögel

29 - Elektrizität

30 - Garten

31 - Antarktis

32 - Fahren

33 - Physik

34 - Bücher

35 - Menschlicher Körper

36 - Landschaften

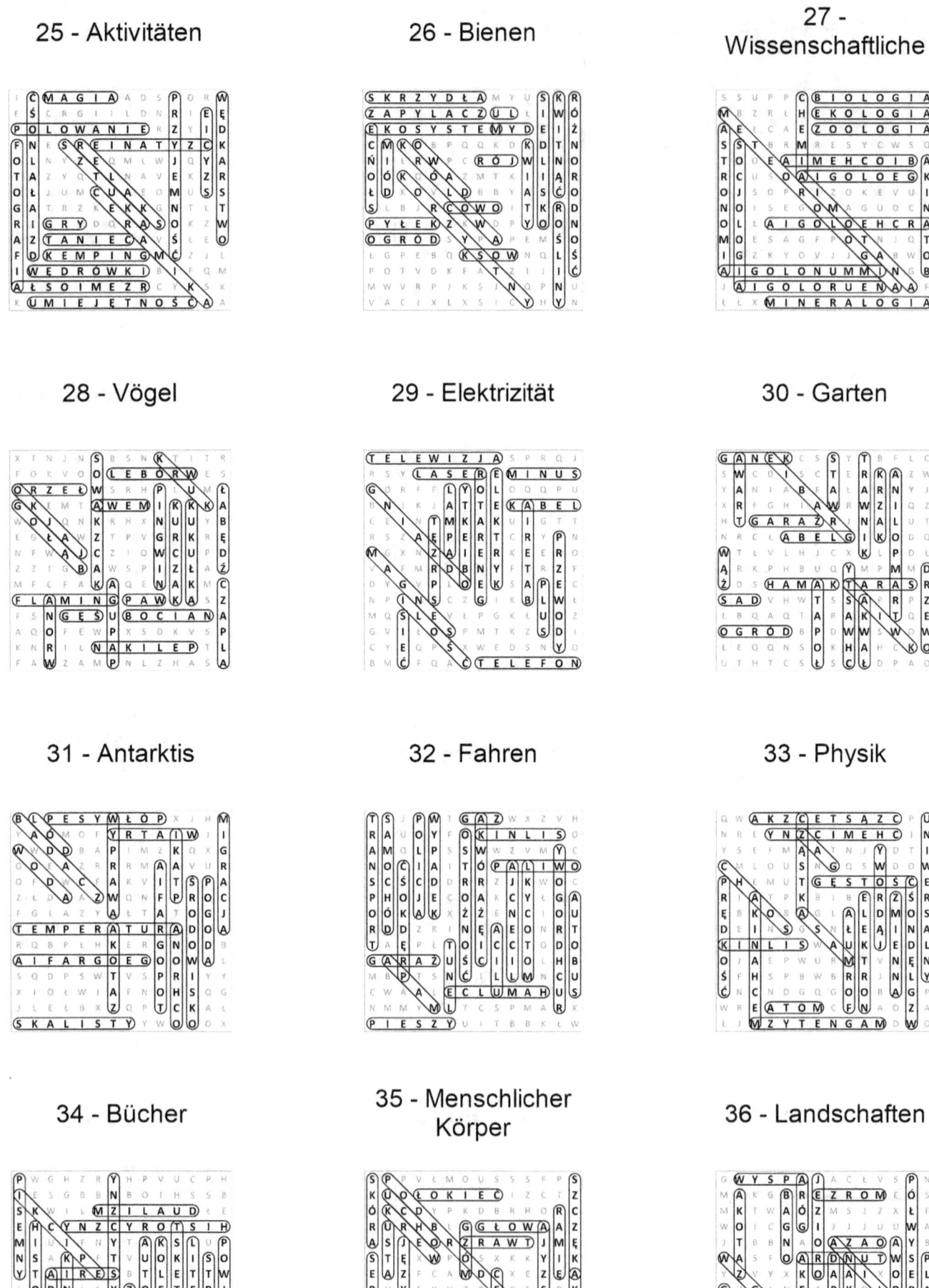

37 - Flugzeuge

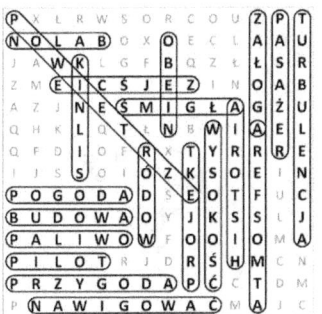

38 - Haartypen

39 - Essen #1

40 - Ethik

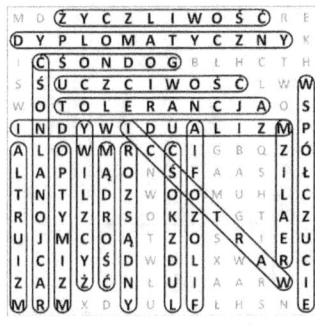

41 - Gebäude

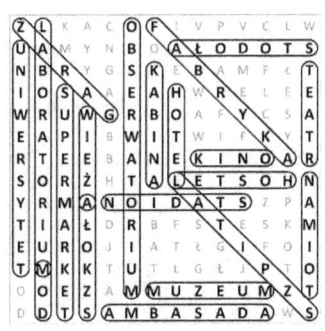

42 - Mode

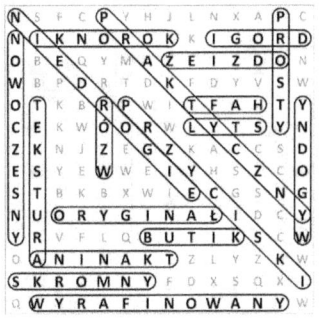

43 - Essen #2

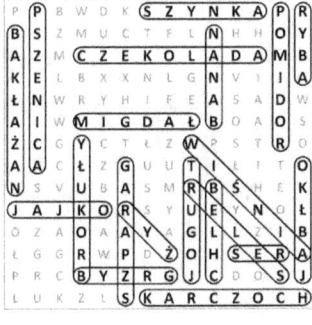

44 - Energie

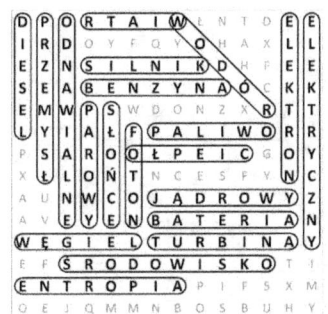

45 - Familie

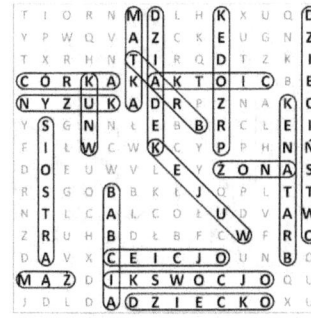

46 - Pflanzen

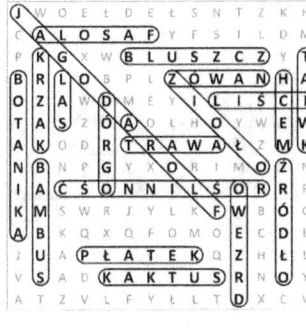

47 - Kunst

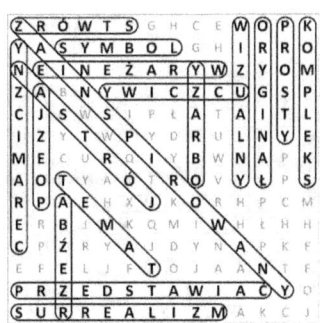

48 - Gewürze

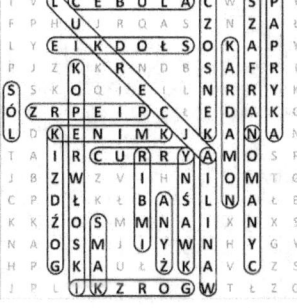

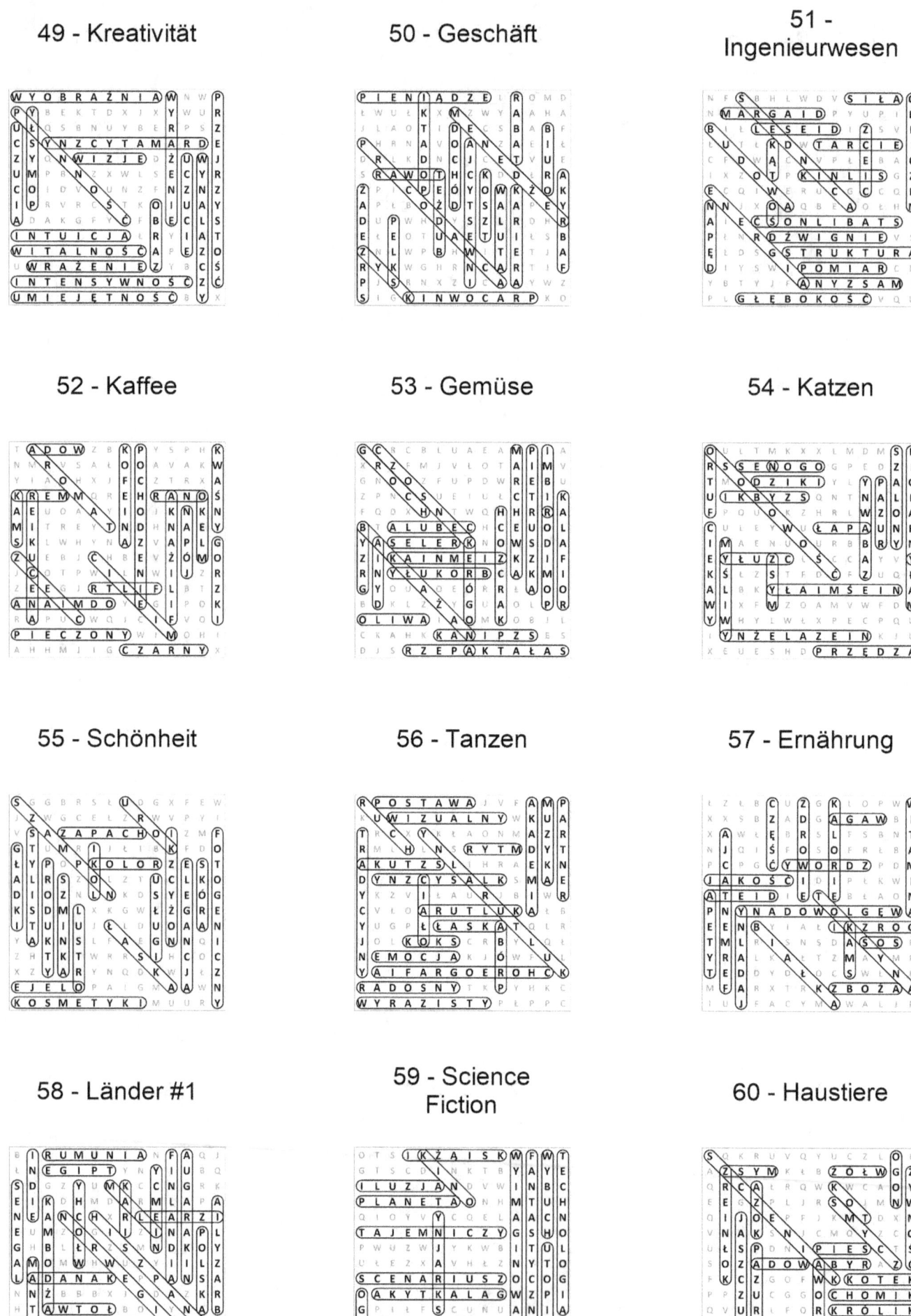

49 - Kreativität

50 - Geschäft

51 - Ingenieurwesen

52 - Kaffee

53 - Gemüse

54 - Katzen

55 - Schönheit

56 - Tanzen

57 - Ernährung

58 - Länder #1

59 - Science Fiction

60 - Haustiere

61 - Literatur

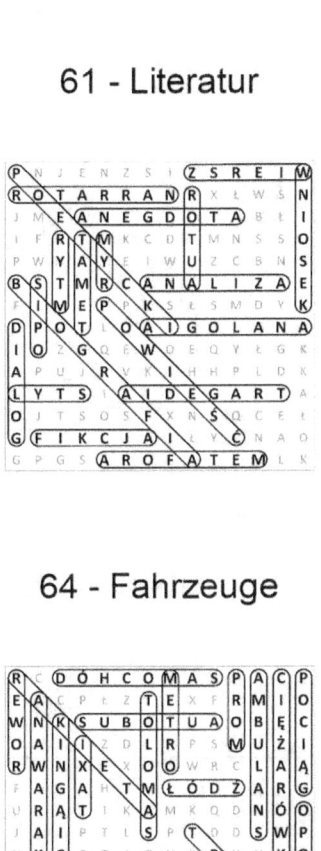

62 - Wandern

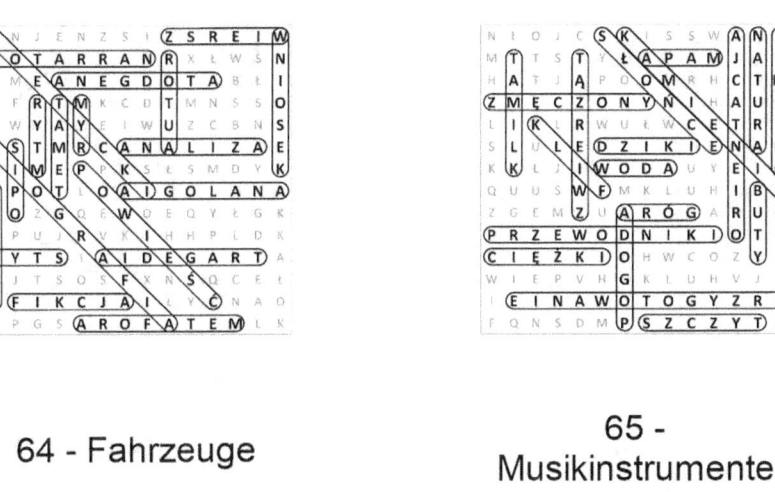

63 - Länder #2

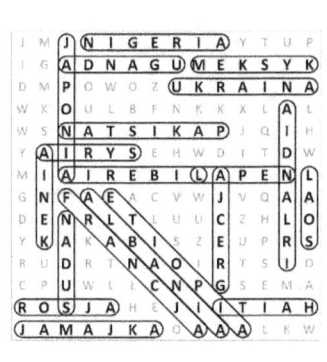

64 - Fahrzeuge

65 - Musikinstrumente

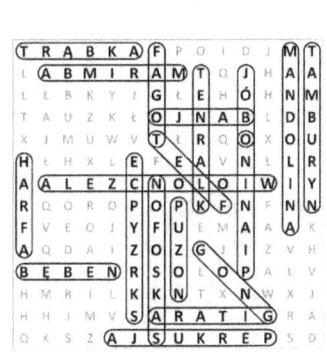

66 - Blumen

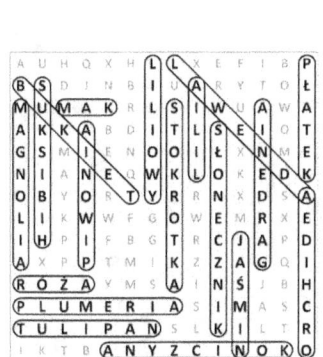

67 - Natur

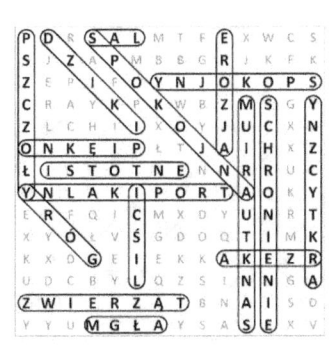

68 - Urlaub #2

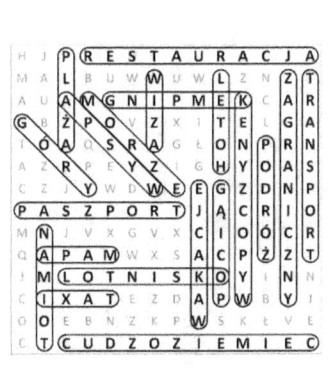

69 - Zirkus

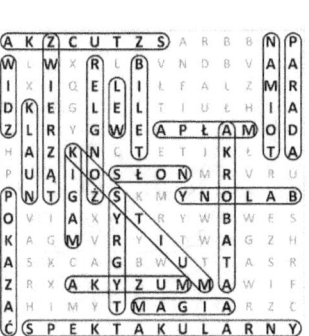

70 - Barbecues

71 - Küche

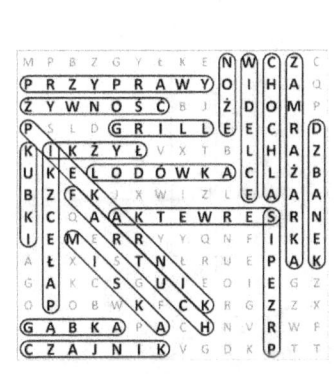

72 - Geographie

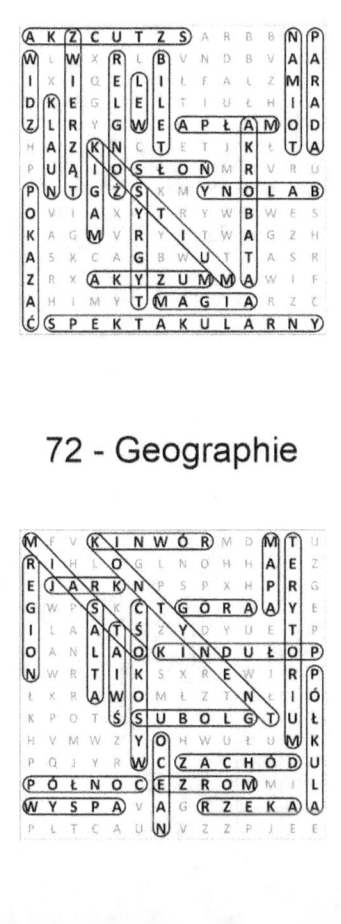

73 - Zahlen

74 - Tage und Monate

75 - Zu Füllen

76 - Das Unternehmen

77 - Kräuterkunde

78 - Tugenden #1

79 - Aktivitäten und Freizeit

80 - Formen

81 - Musik

82 - Antiquitäten

83 - Adjektive #2

84 - Kleidung

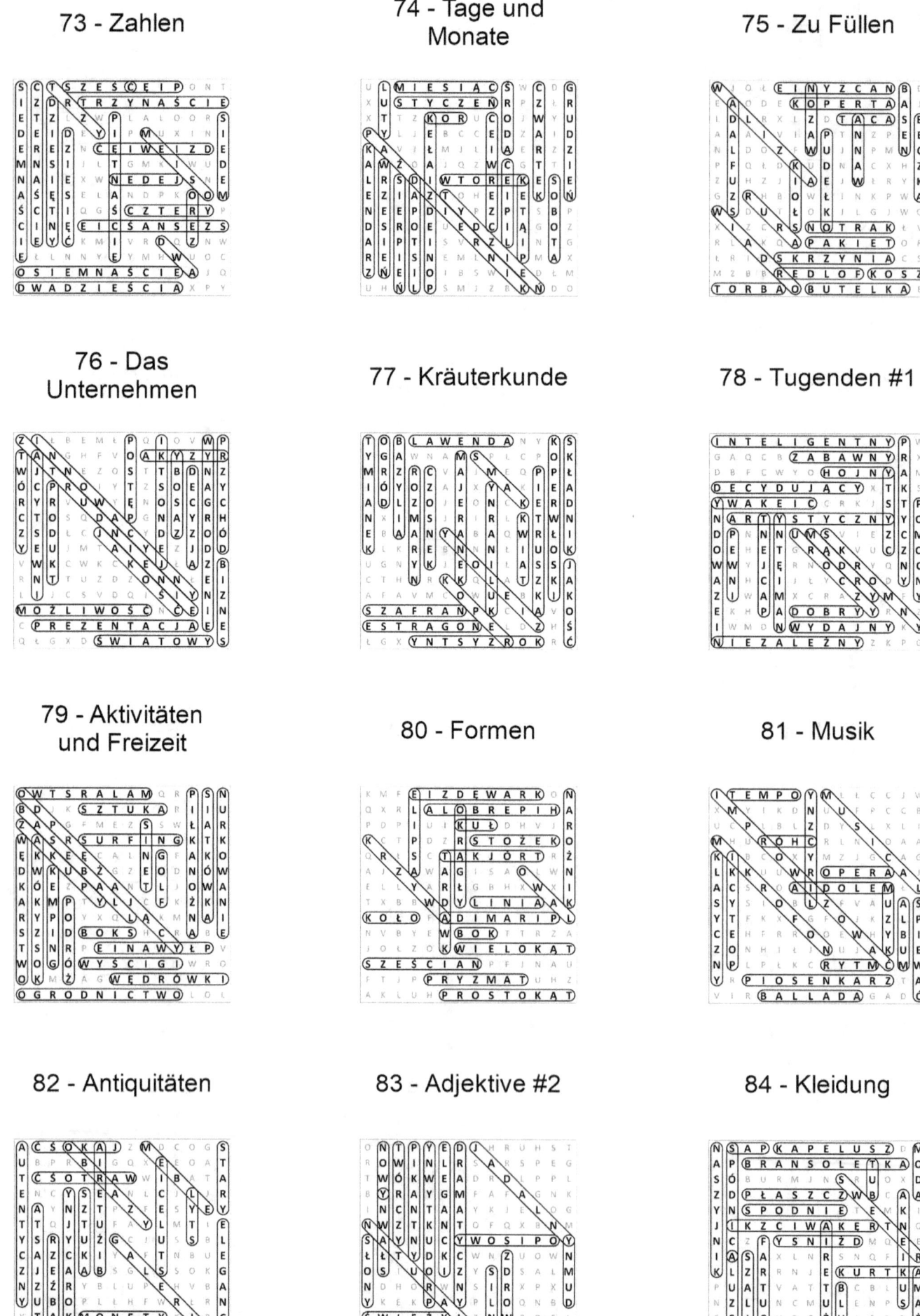

85 - Haus

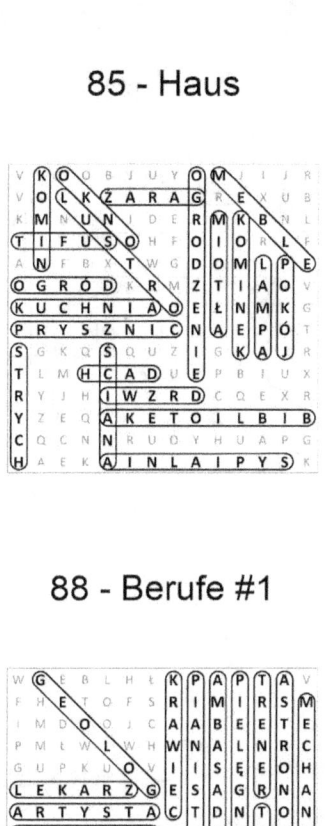

86 - Bauernhof #1

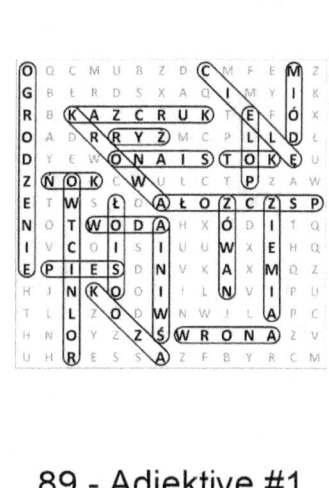

87 - Regierung

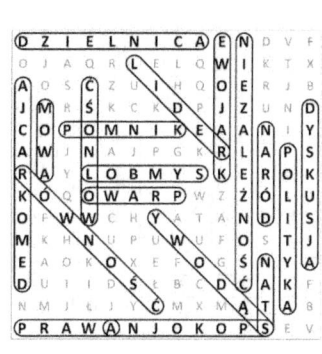

88 - Berufe #1

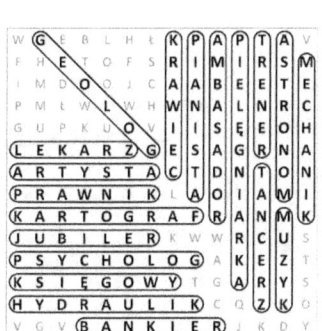

89 - Adjektive #1

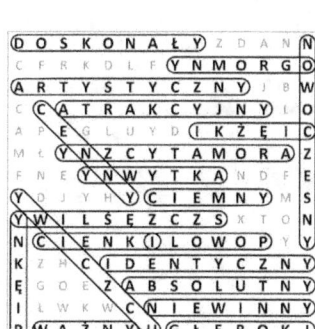

90 - Geometrie

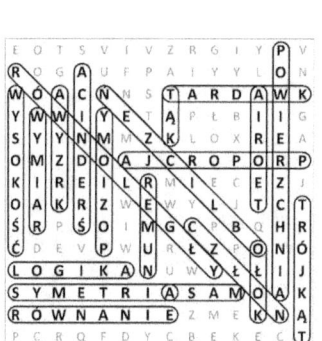

91 - Jazz

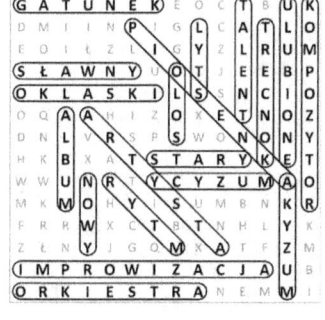

92 - Mathematik

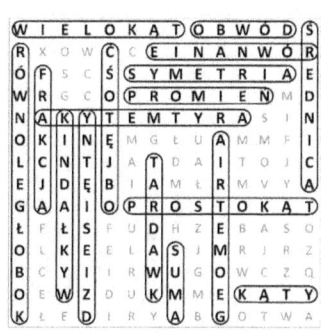

93 - Messungen

94 - Psychologie

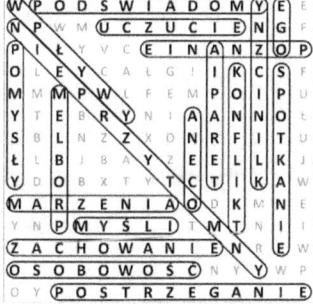

95 - Bauernhof #2

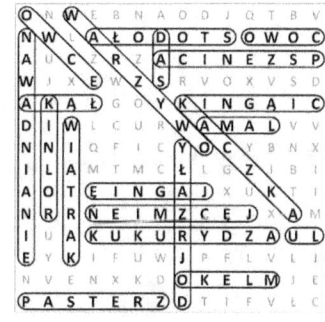

96 - Gartenarbeit

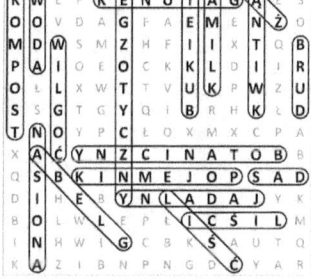

97 - Berufe #2

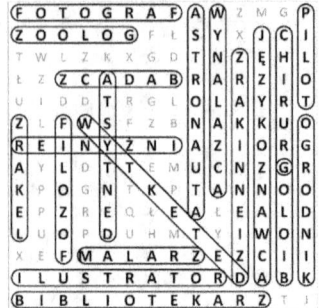

98 - Wetter

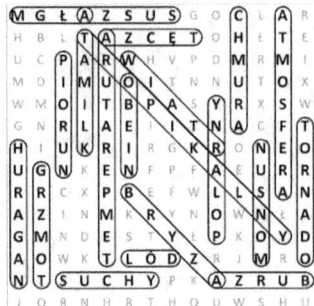

99 - Chemie

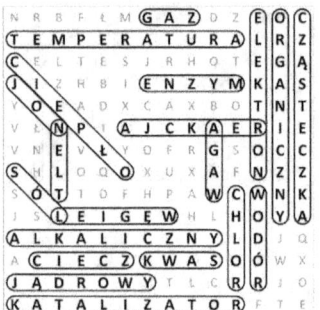

Wörterbuch

Adjektive #1
Przymiotniki # 1

Absolut	Absolutny
Aktiv	Aktywny
Aromatisch	Aromatyczny
Attraktiv	Atrakcyjny
Dunkel	Ciemny
Dünn	Cienki
Ehrlich	Uczciwy
Glücklich	Szczęśliwy
Identisch	Identyczny
Künstlerisch	Artystyczny
Langsam	Powoli
Modern	Nowoczesny
Perfekt	Doskonały
Riesig	Ogromny
Schön	Piękny
Schwer	Ciężki
Tief	Głęboki
Unschuldig	Niewinny
Wertvoll	Cenny
Wichtig	Ważny

Adjektive #2
Przymiotniki # 2

Authentisch	Autentyczny
Berühmt	Sławny
Beschreibend	Opisowy
Dramatisch	Dramatyczny
Elegant	Elegancki
Essbar	Jadalny
Frisch	Świeży
Gesund	Zdrowy
Hungrig	Głodny
Interessant	Interesujący
Kreativ	Twórczy
Natürlich	Naturalny
Neu	Nowy
Normal	Normalna
Produktiv	Produktywny
Salzig	Słony
Stark	Silny
Stolz	Dumny
Wild	Dziki
Würzig	Pikantny

Aktivitäten
Działalność

Aktivität	Działalność
Angeln	Wędkarstwo
Camping	Kemping
Entspannung	Relaks
Fähigkeit	Umiejętność
Fotografie	Fotografia
Freizeit	Wypoczynek
Gartenarbeit	Ogrodnictwo
Jagd	Polowanie
Keramik	Ceramika
Kunst	Sztuka
Kunsthandwerk	Rzemiosła
Lesen	Czytanie
Magie	Magia
Nähen	Szycie
Spiele	Gry
Tanzen	Taniec
Vergnügen	Przyjemność
Wandern	Wędrówki

Aktivitäten und Freizeit
Aktywność i Wypoczynek

Angeln	Wędkarstwo
Baseball	Baseball
Basketball	Koszykówka
Boxen	Boks
Camping	Kemping
Einkaufen	Zakupy
Entspannend	Odprężający
Fussball	Piłka Nożna
Gartenarbeit	Ogrodnictwo
Gemälde	Malarstwo
Golf	Golf
Kunst	Sztuka
Reise	Podróż
Rennen	Wyścigi
Schwimmen	Pływanie
Surfen	Surfing
Tauchen	Nurkowanie
Tennis	Tenis
Volleyball	Siatkówka
Wandern	Wędrówki

Algebra
Algebra

Bruchteil	Frakcja
Diagramm	Diagram
Exponent	Wykładnik
Faktor	Czynnik
Falsch	Fałszywe
Formel	Formuła
Gleichung	Równanie
Linear	Liniowy
Lösen	Rozwiązać
Lösung	Rozwiązanie
Matrix	Matryca
Menge	Ilość
Null	Zero
Nummer	Numer
Problem	Problem
Subtraktion	Odejmowanie
Summe	Suma
Unendlich	Nieskończony
Variable	Zmienna
Vereinfachen	Uprościć

Antarktis
Antarktyda

Bucht	Zatoka
Eis	Lód
Erhaltung	Ochrona
Expedition	Wyprawa
Felsig	Skalisty
Forscher	Badacz
Geographie	Geografia
Gletscher	Lodowce
Halbinsel	Półwysep
Kontinent	Kontynent
Migration	Migracja
Mineralien	Minerały
Temperatur	Temperatura
Topographie	Topografia
Umwelt	Środowisko
Vögel	Ptaki
Wasser	Woda
Wetter	Pogoda
Wind	Wiatry
Wissenschaftlich	Naukowy

Antiquitäten
Antyki

Alt	Stary
Authentisch	Autentyczny
Dekorativ	Dekoracyjny
Elegant	Elegancki
Enthusiast	Entuzjasta
Galerie	Galeria
Gemälde	Obrazy
Investition	Inwestycja
Jahrhundert	Stulecie
Kunst	Sztuka
Möbel	Meble
Münzen	Monety
Preis	Cena
Qualität	Jakość
Schmuck	Biżuteria
Skulptur	Rzeźba
Stil	Styl
Ungewöhnlich	Niezwykły
Wert	Wartość
Zustand	Stan

Archäologie
Archeologia

Analyse	Analiza
Antiquität	Antyk
Auswertung	Ocena
Ära	Era
Experte	Ekspert
Forscher	Badacz
Fossil	Skamieniałość
Geheimnis	Zagadka
Grab	Grobowiec
Knochen	Kości
Mannschaft	Zespół
Nachkomme	Potomek
Objekte	Obiekty
Professor	Profesor
Relikt	Relikt
Tempel	Świątynia
Unbekannt	Nieznany
Uralt	Starożytny
Vergessen	Zapomniany
Zivilisation	Cywilizacja

Astronomie
Astronomia

Asteroid	Asteroida
Astronaut	Astronauta
Astronom	Astronom
Erde	Ziemia
Himmel	Niebo
Komet	Kometa
Konstellation	Konstelacja
Kosmos	Kosmos
Meteor	Meteor
Mond	Księżyc
Nebel	Mgławica
Observatorium	Obserwatorium
Planet	Planeta
Rakete	Rakieta
Satellit	Satelita
Stern	Gwiazda
Supernova	Supernowa
Teleskop	Teleskop
Tierkreis	Zodiak
Universum	Wszechświat

Ballett
Balet

Anmutig	Wdzięczny
Applaus	Oklaski
Ausdrucksvoll	Wyrazisty
Ballerina	Balerina
Choreographie	Choreografia
Fähigkeit	Umiejętność
Geste	Gest
Intensität	Intensywność
Komponist	Kompozytor
Künstlerisch	Artystyczny
Musik	Muzyka
Muskel	Mięśnie
Orchester	Orkiestra
Probe	Próba
Publikum	Publiczność
Rhythmus	Rytm
Solo	Solo
Stil	Styl
Tänzer	Tancerze
Technik	Technika

Barbecues
Grillowanie

Abendessen	Obiad
Familie	Rodzina
Freunde	Przyjaciele
Frucht	Owoc
Gabeln	Widelce
Gemüse	Warzywa
Grill	Grill
Heiss	Gorący
Huhn	Kurczak
Hunger	Głód
Kinder	Dzieci
Kochen	Gotowanie
Messer	Noże
Musik	Muzyka
Pfeffer	Pieprz
Salate	Sałatki
Salz	Sól
Sommer	Lato
Sosse	Sos
Spiele	Gry

Bauernhof #1
Gospodarstwo #1

Biene	Pszczoła
Dünger	Nawóz
Esel	Osioł
Feld	Pole
Heu	Siano
Honig	Miód
Huhn	Kurczak
Hund	Pies
Kalb	Cielę
Katze	Kot
Krähe	Wrona
Kuh	Krowa
Land	Ziemia
Landwirtschaft	Rolnictwo
Pferd	Koń
Reis	Ryż
Schwein	Świnia
Wasser	Woda
Zaun	Ogrodzenie
Ziege	Koza

Bauernhof #2
Gospodarstwo #2

Bauer	Rolnik
Bewässerung	Nawadnianie
Bienenstock	Ul
Ente	Kaczka
Frucht	Owoc
Gemüse	Warzywo
Gerste	Jęczmień
Lama	Lama
Lamm	Jagnię
Mais	Kukurydza
Milch	Mleko
Obstgarten	Sad
Reif	Dojrzały
Schaf	Owce
Schäfer	Pasterz
Scheune	Stodoła
Traktor	Ciągnik
Weizen	Pszenica
Wiese	Łąka
Windmühle	Wiatrak

Berufe #1
Zawody # 1

Arzt	Lekarz
Astronom	Astronom
Bankier	Bankier
Botschafter	Ambasador
Buchhalter	Księgowy
Geologe	Geolog
Jäger	Myśliwy
Juwelier	Jubiler
Kartograph	Kartograf
Klempner	Hydraulik
Krankenschwester	Pielęgniarka
Künstler	Artysta
Mechaniker	Mechanik
Musiker	Muzyk
Pianist	Pianista
Psychologe	Psycholog
Rechtsanwalt	Prawnik
Schneider	Krawiec
Tänzer	Tancerz
Trainer	Trener

Berufe #2
Zawody # 2

Arzt	Lekarz
Astronaut	Astronauta
Bibliothekar	Bibliotekarz
Biologe	Biolog
Chirurg	Chirurg
Detektiv	Detektyw
Erfinder	Wynalazca
Forscher	Badacz
Fotograf	Fotograf
Gärtner	Ogrodnik
Illustrator	Ilustrator
Ingenieur	Inżynier
Journalist	Dziennikarz
Lehrer	Nauczyciel
Linguist	Językoznawca
Maler	Malarz
Philosoph	Filozof
Pilot	Pilot
Zahnarzt	Dentysta
Zoologe	Zoolog

Bienen
Pszczoły

Bestäuber	Zapylacz
Bienenkorb	Ul
Blumen	Kwiaty
Blüte	Kwitnąć
Flügel	Skrzydła
Frucht	Owoc
Garten	Ogród
Honig	Miód
Insekt	Owad
Königin	Królowa
Lebensraum	Siedlisko
Ökosystem	Ekosystem
Pflanzen	Rośliny
Pollen	Pyłek
Rauch	Dym
Schwarm	Rój
Sonne	Słońce
Vielfalt	Różnorodność
Vorteilhaft	Korzystny
Wachs	Wosk

Blumen
Kwiaty

Blütenblatt	Płatek
Gardenie	Gardenia
Gänseblümchen	Stokrotka
Hibiskus	Hibiskus
Jasmin	Jaśmin
Klee	Koniczyna
Lavendel	Lawenda
Lila	Liliowy
Lilie	Lilia
Magnolie	Magnolia
Mohn	Mak
Orchidee	Orchidea
Passionsblume	Passionflower
Pfingstrose	Piwonia
Plumeria	Plumeria
Rose	Róża
Sonnenblume	Słonecznik
Strauss	Bukiet
Tulpe	Tulipan

Boote
Łodzie

Anker	Kotwica
Boje	Boja
Crew	Załoga
Dock	Dok
Fähre	Prom
Floss	Tratwa
Fluss	Rzeka
Kanu	Kajak
Maritim	Morski
Mast	Maszt
Meer	Morze
Motor	Silnik
Nautisch	Nautyczny
Ozean	Ocean
See	Jezioro
Seemann	Marynarz
Segelboot	Żaglówka
Seil	Lina
Wellen	Fale
Yacht	Jacht

Bücher
Książki

Abenteuer	Przygoda
Autor	Autor
Dualität	Dualizm
Episch	Epicki
Erfinderisch	Wynalazczy
Erzähler	Narrator
Gedicht	Wiersz
Geschichte	Historia
Geschrieben	Pisemny
Historisch	Historyczny
Humorvoll	Humorystyczny
Kollektion	Kolekcja
Kontext	Kontekst
Leser	Czytelnik
Literarisch	Literacki
Poesie	Poezja
Roman	Powieść
Seite	Strona
Serie	Seria
Tragisch	Tragiczny

Camping
Kemping

Abenteuer	Przygoda
Berg	Góra
Feuer	Ogień
Hängematte	Hamak
Hut	Kapelusz
Insekt	Owad
Jagd	Polowanie
Kabine	Kabina
Kanu	Kajak
Karte	Mapa
Kompass	Kompas
Laterne	Latarnia
Mond	Księżyc
Natur	Natura
See	Jezioro
Seil	Lina
Spass	Zabawa
Tiere	Zwierząt
Wald	Las
Zelt	Namiot

Chemie
Chemia

Alkalisch	Alkaliczny
Chlor	Chlor
Elektron	Elektron
Enzym	Enzym
Flüssigkeit	Ciecz
Gas	Gaz
Gewicht	Waga
Hitze	Ciepło
Ion	Jon
Katalysator	Katalizator
Kohlenstoff	Węgiel
Molekül	Cząsteczka
Nuklear	Jądrowy
Organisch	Organiczny
Reaktion	Reakcja
Salz	Sól
Sauerstoff	Tlen
Säure	Kwas
Temperatur	Temperatura
Wasserstoff	Wodór

Das Unternehmen
Przedsiębiorstwo

Beschäftigung	Zatrudnienie
Einheiten	Jednostki
Einnahmen	Przychód
Entscheidung	Decyzja
Fortschritt	Postęp
Geschäft	Biznes
Global	Światowy
Industrie	Przemysł
Innovativ	Innowacyjny
Investition	Inwestycja
Kreativ	Twórczy
Löhne	Wynagrodzenie
Möglichkeit	Możliwość
Präsentation	Prezentacja
Produkt	Produkt
Professionell	Profesjonalny
Qualität	Jakość
Ressourcen	Zasoby
Risiken	Ryzyka
Ruf	Reputacja

Diplomatie
Dyplomacja

Auflösung	Rezolucja
Ausländisch	Zagraniczny
Berater	Doradca
Botschaft	Ambasada
Botschafter	Ambasador
Bürger	Obywatele
Diplomatisch	Dyplomatyczny
Diskussion	Dyskusja
Ethik	Etyka
Gemeinschaft	Społeczność
Humanitär	Humanitarny
Integrität	Uczciwość
Konflikt	Konflikt
Lösung	Rozwiązanie
Politik	Polityka
Regierung	Rząd
Sprachen	Języki
Staatsbürgerlich	Obywatelski
Vertrag	Traktat
Zusammenarbeit	Współpraca

Elektrizität
Elektryczność

Ausrüstung	Sprzęt
Batterie	Bateria
Drähte	Przewody
Elektriker	Elektryk
Elektrisch	Elektryczny
Fernsehen	Telewizja
Generator	Generator
Kabel	Kabel
Lagerung	Składowanie
Lampe	Lampa
Laser	Laser
Magnet	Magnes
Menge	Ilość
Negativ	Minus
Netzwerk	Sieć
Objekte	Obiekty
Positiv	Plus
Steckdose	Gniazdo
Telefon	Telefon

Energie
Energia

Batterie	Bateria
Benzin	Benzyna
Brennstoff	Paliwo
Dampf	Parowy
Diesel	Diesel
Elektrisch	Elektryczny
Elektron	Elektron
Entropie	Entropia
Erneuerbar	Odnawialne
Hitze	Ciepło
Industrie	Przemysł
Kohlenstoff	Węgiel
Motor	Silnik
Nuklear	Jądrowy
Photon	Foton
Sonne	Słońce
Turbine	Turbina
Umwelt	Środowisko
Wasserstoff	Wodór
Wind	Wiatr

Ernährung
Odżywianie

Appetit	Apetyt
Ausgewogen	Zrównoważony
Bitter	Gorzki
Diät	Dieta
Essbar	Jadalny
Fermentation	Fermentacja
Geschmack	Smak
Gesund	Zdrowy
Gesundheit	Zdrowie
Getreide	Zboża
Gewicht	Waga
Kalorien	Kalorie
Kohlenhydrate	Węglowodany
Portion	Część
Proteine	Białka
Qualität	Jakość
Sosse	Sos
Toxin	Toksyna
Verdauung	Trawienie
Vitamin	Witamina

Essen #1
Jedzenie # 1

Basilikum	Bazylia
Birne	Gruszka
Erdbeere	Truskawka
Erdnuss	Arachid
Fleisch	Mięso
Kaffee	Kawa
Karotte	Marchewka
Knoblauch	Czosnek
Milch	Mleko
Rübe	Rzepa
Saft	Sok
Salat	Sałatka
Salz	Sól
Spinat	Szpinak
Suppe	Zupa
Thunfisch	Tuńczyk
Zimt	Cynamon
Zitrone	Cytryna
Zucker	Cukier
Zwiebel	Cebula

Essen #2
Jedzenie # 2

Apfel	Jabłko
Artischocke	Karczoch
Aubergine	Bakłażan
Banane	Banan
Brokkoli	Brokuły
Brot	Chleb
Ei	Jajko
Fisch	Ryba
Joghurt	Jogurt
Käse	Ser
Kirsche	Wiśnia
Mandel	Migdał
Pilz	Grzyb
Reis	Ryż
Schinken	Szynka
Schokolade	Czekolada
Sellerie	Seler
Spargel	Szparag
Tomate	Pomidor
Weizen	Pszenica

Ethik
Etyka

Altruismus	Altruizm
Diplomatisch	Dyplomatyczny
Freundlichkeit	Życzliwość
Geduld	Cierpliwość
Individualismus	Indywidualizm
Integrität	Uczciwość
Menschheit	Ludzkość
Mitgefühl	Współczucie
Optimismus	Optymizm
Philosophie	Filozofia
Rationalität	Racjonalność
Realismus	Realizm
Toleranz	Tolerancja
Vernünftig	Rozsądny
Weisheit	Mądrość
Werte	Wartości
Wohlwollend	Życzliwy
Würde	Godność
Zusammenarbeit	Współpraca

Fahren
Prowadzenie Pojazdów

Auto	Samochód
Bremsen	Hamulce
Brennstoff	Paliwo
Bus	Autobus
Fussgänger	Pieszy
Garage	Garaż
Gas	Gaz
Geschwindigkeit	Prędkość
Karte	Mapa
Lizenz	Licencja
Lkw	Ciężarówka
Motor	Silnik
Motorrad	Motocykl
Polizei	Policja
Strasse	Ulica
Transport	Transport
Tunnel	Tunel
Unfall	Wypadek
Verkehr	Ruch Drogowy
Vorsicht	Ostrożność

Fahrzeuge
Pojazdy

Auto	Samochód
Boot	Łódź
Bus	Autobus
Fahrrad	Rower
Fähre	Prom
Floss	Tratwa
Flugzeug	Samolot
Hubschrauber	Śmigłowiec
Krankenwagen	Ambulans
Lkw	Ciężarówka
Motor	Silnik
Rakete	Rakieta
Reifen	Opony
Roller	Skuter
Taxi	Taxi
Traktor	Ciągnik
U-Bahn	Metro
U-Boot	Łódź Podwodna
Wohnwagen	Karawana
Zug	Pociąg

Familie
Rodzina

Bruder	Brat
Ehefrau	Żona
Ehemann	Mąż
Enkel	Wnuk
Grossmutter	Babcia
Grossvater	Dziadek
Kind	Dziecko
Kindheit	Dzieciństwo
Mutter	Matka
Mütterlich	Macierzyński
Neffe	Bratanek
Nichte	Siostrzenica
Onkel	Wujek
Schwester	Siostra
Tante	Ciotka
Tochter	Córka
Vater	Ojciec
Väterlich	Ojcowski
Vetter	Kuzyn
Vorfahr	Przodek

Flugzeuge
Samoloty

Abenteuer	Przygoda
Abstieg	Zejście
Atmosphäre	Atmosfera
Ballon	Balon
Brennstoff	Paliwo
Crew	Załoga
Design	Projekt
Geschichte	Historia
Himmel	Niebo
Höhe	Wysokość
Konstruktion	Budowa
Luft	Powietrze
Motor	Silnik
Navigieren	Nawigować
Passagier	Pasażer
Pilot	Pilot
Propeller	Śmigła
Turbulenz	Turbulencja
Wasserstoff	Wodór
Wetter	Pogoda

Formen
Kształty

Bogen	Łuk
Dreieck	Trójkąt
Ecke	Narożnik
Ellipse	Elipsa
Hyperbel	Hiperbola
Kanten	Krawędzie
Kegel	Stożek
Kreis	Koło
Kurve	Krzywa
Linie	Linia
Oval	Owal
Polygon	Wielokąt
Prisma	Pryzmat
Pyramide	Piramida
Quadrat	Kwadrat
Rechteck	Prostokąt
Rund	Okrągły
Seite	Bok
Würfel	Sześcian
Zylinder	Cylinder

Garten
Ogród

Bank	Ławka
Baum	Drzewo
Blume	Kwiat
Boden	Gleba
Busch	Krzak
Garage	Garaż
Garten	Ogród
Gras	Trawa
Hängematte	Hamak
Obstgarten	Sad
Rasen	Trawnik
Rechen	Grabie
Schaufel	Łopata
Schlauch	Wąż
Teich	Staw
Terrasse	Taras
Trampolin	Trampolina
Unkraut	Chwasty
Veranda	Ganek
Zaun	Ogrodzenie

Gartenarbeit
Prace Ogrodowe

Art	Gatunek
Blatt	Liść
Blüte	Kwitnąć
Boden	Gleba
Botanisch	Botaniczny
Container	Pojemnik
Essbar	Jadalny
Exotisch	Egzotyczny
Feuchtigkeit	Wilgoć
Klima	Klimat
Kompost	Kompost
Laub	Liści
Obstgarten	Sad
Saat	Nasiona
Saisonal	Sezonowy
Schlauch	Wąż
Schmutz	Brud
Strauss	Bukiet
Wasser	Woda

Gebäude
Budynek

Botschaft	Ambasada
Fabrik	Fabryka
Garage	Garaż
Haus	Dom
Herberge	Hostel
Hotel	Hotel
Kabine	Kabina
Kino	Kino
Krankenhaus	Szpital
Labor	Laboratorium
Museum	Muzeum
Observatorium	Obserwatorium
Scheune	Stodoła
Schule	Szkoła
Stadion	Stadion
Supermarkt	Supermarket
Theater	Teatr
Turm	Wieża
Universität	Uniwersytet
Zelt	Namiot

Gemüse
Warzywa

Artischocke	Karczoch
Aubergine	Bakłażan
Blumenkohl	Kalafior
Brokkoli	Brokuły
Erbse	Groch
Gurke	Ogórek
Ingwer	Imbir
Karotte	Marchewka
Kartoffel	Ziemniak
Knoblauch	Czosnek
Kürbis	Dynia
Olive	Oliwa
Petersilie	Pietruszka
Pilz	Grzyb
Rübe	Rzepa
Salat	Sałatka
Sellerie	Seler
Spinat	Szpinak
Tomate	Pomidor
Zwiebel	Cebula

Geographie
Geografia

Atlas	Atlas
Äquator	Równik
Berg	Góra
Fluss	Rzeka
Gebiet	Terytorium
Globus	Globus
Hemisphäre	Półkula
Höhe	Wysokość
Insel	Wyspa
Karte	Mapa
Kontinent	Kontynent
Land	Kraj
Meer	Morze
Meridian	Południk
Norden	Północ
Ozean	Ocean
Region	Region
Stadt	Miasto
Welt	Świat
West	Zachód

Geologie
Geologia

Erosion	Erozja
Fossil	Skamieniałość
Geschmolzen	Ciekły
Geysir	Gejzer
Höhle	Grota
Kalzium	Wapń
Kontinent	Kontynent
Koralle	Koral
Lava	Lawa
Mineralien	Minerały
Plateau	Płaskowyż
Quarz	Kwarc
Salz	Sól
Säure	Kwas
Stalagmiten	Stalagmity
Stalaktit	Stalaktyt
Stein	Kamień
Vulkan	Wulkan
Zone	Strefa
Zyklen	Cykle

Geometrie
Geometria

Anteil	Proporcja
Berechnung	Obliczeń
Dimension	Wymiar
Dreieck	Trójkąt
Durchmesser	Średnica
Gleichung	Równanie
Horizontal	Poziomy
Höhe	Wysokość
Kreis	Koło
Kurve	Krzywa
Logik	Logika
Masse	Masa
Nummer	Numer
Oberfläche	Powierzchnia
Parallel	Równoległy
Quadrat	Kwadrat
Segment	Człon
Symmetrie	Symetria
Theorie	Teoria
Winkel	Kąt

Geschäft
Biznes

Arbeitgeber	Pracodawca
Budget	Budżet
Büro	Biuro
Einkommen	Dochód
Fabrik	Fabryka
Geld	Pieniądze
Geschäft	Sklep
Gewinn	Zysk
Investition	Inwestycja
Karriere	Kariera
Kosten	Koszt
Manager	Menedżer
Mitarbeiter	Pracownik
Rabatt	Rabat
Steuern	Podatki
Transaktion	Transakcja
Verkauf	Sprzedaż
Ware	Towar
Währung	Waluta
Wirtschaft	Ekonomia

Gesundheit und Wellness #1
Zdrowie i Wellness # 1

Aktiv	Aktywny
Apotheke	Apteka
Arzt	Lekarz
Bakterien	Bakteria
Behandlung	Leczenie
Entspannung	Relaks
Fraktur	Złamanie
Gewohnheit	Nawyk
Haut	Skóra
Hormone	Hormony
Höhe	Wysokość
Hunger	Głód
Klinik	Klinika
Knochen	Kości
Medizin	Medycyna
Medizinisch	Medyczny
Nerven	Nerwy
Reflex	Odruch
Therapie	Terapia
Virus	Wirus

Gesundheit und Wellness #2
Zdrowie i Wellness # 2

Allergie	Alergia
Anatomie	Anatomia
Appetit	Apetyt
Blut	Krew
Diät	Dieta
Energie	Energia
Genetik	Genetyka
Gesund	Zdrowy
Gewicht	Waga
Hygiene	Higiena
Infektion	Infekcja
Kalorie	Kaloria
Krankenhaus	Szpital
Krankheit	Choroba
Massage	Masaż
Risiken	Ryzyka
Schlafen	Sen
Sport	Sporty
Stress	Stres
Vitamin	Witamina

Gewürze
Przyprawy

Anis	Anyż
Bitter	Gorzki
Curry	Curry
Fenchel	Koper Włoski
Geschmack	Smak
Ingwer	Imbir
Kardamom	Kardamon
Knoblauch	Czosnek
Kreuzkümmel	Kminek
Lakritze	Lukrecja
Nelke	Goździk
Paprika	Papryka
Pfeffer	Pieprz
Safran	Szafran
Salz	Sól
Sauer	Kwaśny
Süss	Słodkie
Vanille	Wanilia
Zimt	Cynamon
Zwiebel	Cebula

Haartypen
Rodzaje Włosów

Blond	Blond
Braun	Brązowy
Dick	Gruby
Dünn	Cienki
Farbig	Kolorowe
Geflochten	Pleciony
Gesund	Zdrowy
Grau	Szary
Kahl	Łysy
Kurz	Krótki
Lang	Długie
Locken	Loki
Lockig	Kręcone
Schwarz	Czarny
Silber	Srebro
Trocken	Suchy
Weich	Miękki
Weiss	Biały
Wellig	Falisty
Zöpfe	Warkocze

Haus
Dom

Besen	Miotła
Bibliothek	Biblioteka
Dach	Dach
Dachboden	Strych
Decke	Sufit
Dusche	Prysznic
Fenster	Okno
Garage	Garaż
Garten	Ogród
Kamin	Kominek
Küche	Kuchnia
Lampe	Lampa
Möbel	Meble
Schlafzimmer	Sypialnia
Schornstein	Komin
Spiegel	Lustro
Tür	Drzwi
Wand	Ściana
Zaun	Ogrodzenie
Zimmer	Pokój

Haustiere
Zwierzęta Domowe

Eidechse	Jaszczurka
Essen	Żywność
Fisch	Ryba
Hamster	Chomik
Hase	Królik
Hund	Pies
Katze	Kot
Kätzchen	Kotek
Kragen	Kołnierz
Krallen	Pazury
Kuh	Krowa
Leine	Smycz
Maus	Mysz
Papagei	Papuga
Pfoten	Łapy
Schildkröte	Żółw
Schwanz	Ogon
Wasser	Woda
Welpe	Szczeniak
Ziege	Koza

Ingenieurwesen
Inżynieria

Achse	Oś
Antrieb	Napęd
Berechnung	Obliczeń
Diagramm	Diagram
Diesel	Diesel
Durchmesser	Średnica
Energie	Energia
Flüssigkeit	Ciecz
Hebel	Dźwignie
Konstruktion	Budowa
Maschine	Maszyna
Messung	Pomiar
Motor	Silnik
Reibung	Tarcie
Stabilität	Stabilność
Stärke	Siła
Struktur	Struktura
Tiefe	Głębokość
Verteilung	Dystrybucja
Winkel	Kąt

Insekten
Owady

Ameise	Mrówka
Biene	Pszczoła
Blattlaus	Mszyca
Floh	Pchła
Gottesanbeterin	Modliszka
Heuschrecke	Konik Polny
Hornisse	Szerszeń
Kakerlake	Karaluch
Käfer	Chrząszcz
Larve	Larwa
Libelle	Ważka
Marienkäfer	Biedronka
Motte	Ćma
Mücke	Komar
Schmetterling	Motyl
Termite	Termit
Wespe	Osa
Wurm	Robak
Zikade	Cykada

Jazz
Jazz

Album	Album
Alt	Stary
Applaus	Oklaski
Berühmt	Sławny
Favoriten	Ulubione
Genre	Gatunek
Improvisation	Improwizacja
Komponist	Kompozytor
Konzert	Koncert
Künstler	Artysta
Lied	Piosenka
Musik	Muzyka
Musiker	Muzycy
Neu	Nowy
Orchester	Orkiestra
Rhythmus	Rytm
Solo	Solo
Stil	Styl
Talent	Talent
Technik	Technika

Kaffee
Kawa

Aroma	Aromat
Bitter	Gorzki
Creme	Krem
Filter	Filtr
Flüssigkeit	Ciecz
Geröstet	Pieczony
Geschmack	Smak
Getränk	Napój
Koffein	Kofeina
Mahlen	Mielić
Milch	Mleko
Morgen	Rano
Preis	Cena
Sauer	Kwaśny
Schwarz	Czarny
Tasse	Filiżanka
Ursprung	Pochodzenie
Vielfalt	Odmiana
Wasser	Woda
Zucker	Cukier

Katzen
Koty

Fell	Futro
Garn	Przędza
Jäger	Myśliwy
Komisch	Zabawny
Kralle	Pazur
Liebevoll	Czuły
Maus	Mysz
Neugierig	Ciekawy
Persönlichkeit	Osobowość
Pfote	Łapa
Schlafen	Sen
Schnell	Szybki
Schüchtern	Nieśmiały
Schwanz	Ogon
Unabhängig	Niezależny
Verrückt	Szalony
Verspielt	Figlarny
Wenig	Mały
Wild	Dziki

Kleidung
Ubrania

Armband	Bransoletka
Bluse	Bluza
Gürtel	Pas
Halskette	Naszyjnik
Handschuhe	Rękawiczki
Hemd	Koszula
Hose	Spodnie
Hut	Kapelusz
Jacke	Kurtka
Jeans	Dżinsy
Kleid	Sukienka
Mantel	Płaszcz
Mode	Moda
Pullover	Sweter
Rock	Spódnica
Schal	Szalik
Schlafanzug	Piżama
Schmuck	Biżuteria
Schuh	But
Schürze	Fartuch

Kräuterkunde
Zielarstwo

Aromatisch	Aromatyczny
Basilikum	Bazylia
Blume	Kwiat
Dill	Koper
Estragon	Estragon
Fenchel	Koper Włoski
Garten	Ogród
Geschmack	Smak
Grün	Zielony
Knoblauch	Czosnek
Kulinarisch	Kulinarny
Lavendel	Lawenda
Majoran	Majeranek
Petersilie	Pietruszka
Qualität	Jakość
Rosmarin	Rozmaryn
Safran	Szafran
Thymian	Tymianek
Vorteilhaft	Korzystny
Zutat	Składnik

Kreativität
Kreatywność

Ausdruck	Wyrażenie
Authentizität	Autentyczność
Bild	Obraz
Dramatisch	Dramatyczny
Eindruck	Wrażenie
Erfinderisch	Wynalazczy
Fähigkeit	Umiejętność
Flüssigkeit	Płynność
Gefühle	Uczucia
Ideen	Pomysły
Inspiration	Inspiracja
Intensität	Intensywność
Intuition	Intuicja
Klarheit	Przejrzystość
Künstlerisch	Artystyczny
Phantasie	Wyobraźnia
Sensation	Uczucie
Spontan	Spontaniczny
Visionen	Wizje
Vitalität	Witalność

Kunst
Sztuka

Ausdruck	Wyrażenie
Ehrlich	Uczciwy
Einfach	Prosty
Gegenstand	Temat
Gemälde	Obrazy
Inspiriert	Zainspirowany
Keramik	Ceramiczny
Komplex	Kompleks
Original	Oryginał
Persönlich	Osobisty
Poesie	Poezja
Porträtieren	Przedstawiać
Schaffen	Stwórz
Skulptur	Rzeźba
Stimmung	Nastrój
Surrealismus	Surrealizm
Symbol	Symbol
Visuell	Wizualny
Zusammensetzung	Kompozycja

Küche
Kuchnia

Essen	Żywność
Essstäbchen	Pałeczki
Gabeln	Widelce
Gefrierschrank	Zamrażarka
Gewürze	Przyprawy
Grill	Grill
Kelle	Chochla
Krug	Dzbanek
Kühlschrank	Lodówka
Löffel	Łyżki
Messer	Noże
Ofen	Piekarnik
Rezept	Przepis
Schürze	Fartuch
Schüssel	Miska
Schwamm	Gąbka
Serviette	Serwetka
Tassen	Kubki
Wasserkocher	Czajnik

Landschaften
Krajobrazy

Berg	Góra
Eisberg	Góra Lodowa
Fluss	Rzeka
Geysir	Gejzer
Gletscher	Lodowiec
Golf	Zatoka
Halbinsel	Półwysep
Höhle	Jaskinia
Hügel	Wzgórze
Insel	Wyspa
Meer	Morze
Oase	Oaza
See	Jezioro
Strand	Plaża
Sumpf	Bagno
Tal	Dolina
Tundra	Tundra
Vulkan	Wulkan
Wasserfall	Wodospad
Wüste	Pustynia

Länder #1
Kraje # 1

Ägypten	Egipt
Brasilien	Brazylia
Deutschland	Niemcy
Finnland	Finlandia
Indien	Indie
Irak	Irak
Israel	Izrael
Italien	Włochy
Kambodscha	Kambodża
Kanada	Kanada
Lettland	Łotwa
Mali	Mali
Nicaragua	Nikaragua
Norwegen	Norwegia
Polen	Polska
Rumänien	Rumunia
Senegal	Senegal
Spanien	Hiszpania
Venezuela	Wenezuela
Vietnam	Wietnam

Länder #2
Kraje # 2

Albanien	Albania
Äthiopien	Etiopia
Frankreich	Francja
Griechenland	Grecja
Haiti	Haiti
Irland	Irlandia
Jamaika	Jamajka
Japan	Japonia
Kenia	Kenia
Laos	Laos
Liberia	Liberia
Mexiko	Meksyk
Nepal	Nepal
Nigeria	Nigeria
Pakistan	Pakistan
Russland	Rosja
Sudan	Sudan
Syrien	Syria
Uganda	Uganda
Ukraine	Ukraina

Literatur
Literatura

Analogie	Analogia
Analyse	Analiza
Anekdote	Anegdota
Autor	Autor
Beschreibung	Opis
Biographie	Biografia
Dialog	Dialog
Erzähler	Narrator
Fiktion	Fikcja
Gedicht	Wiersz
Metapher	Metafora
Poetisch	Poetycki
Reim	Rym
Rhythmus	Rytm
Roman	Powieść
Schlussfolgerung	Wniosek
Stil	Styl
Thema	Temat
Tragödie	Tragedia
Vergleich	Porównanie

Mathematik
Matematyka

Arithmetik	Arytmetyka
Bruchteil	Frakcja
Dezimal	Dziesiętny
Dreieck	Trójkąt
Durchmesser	Średnica
Exponent	Wykładnik
Geometrie	Geometria
Gleichung	Równanie
Parallel	Równoległy
Parallelogramm	Równoległobok
Polygon	Wielokąt
Quadrat	Kwadrat
Radius	Promień
Rechteck	Prostokąt
Senkrecht	Prostopadły
Summe	Suma
Symmetrie	Symetria
Umfang	Obwód
Volumen	Objętość
Winkel	Kąty

Meditation
Medytacja

Annahme	Przyjęcie
Atmung	Oddechowy
Aufmerksamkeit	Uwaga
Bewegung	Ruch
Dankbarkeit	Wdzięczność
Freundlichkeit	Życzliwość
Frieden	Pokój
Gedanken	Myśli
Geistig	Psychiczny
Glück	Szczęście
Klarheit	Przejrzystość
Lehre	Nauki
Mitgefühl	Współczucie
Musik	Muzyka
Natur	Natura
Perspektive	Perspektywa
Ruhig	Spokój
Stille	Cisza
Verstand	Umysł
Wach	Obudzić

Menschlicher Körper
Ciało Ludzkie

Bein	Noga
Blut	Krew
Ellbogen	Łokieć
Finger	Palec
Gehirn	Mózg
Gesicht	Twarz
Hals	Szyja
Hand	Ręka
Haut	Skóra
Herz	Serce
Kiefer	Szczęka
Kinn	Podbródek
Knie	Kolano
Knöchel	Kostka
Kopf	Głowa
Mund	Usta
Nase	Nos
Ohr	Ucho
Schulter	Ramię
Zunge	Język

Messungen
Pomiary

Breite	Szerokość
Byte	Bajt
Dezimal	Dziesiętny
Gewicht	Waga
Grad	Stopień
Gramm	Gram
Höhe	Wysokość
Kilogramm	Kilogram
Kilometer	Kilometr
Länge	Długość
Liter	Litr
Masse	Masa
Meter	Metr
Minute	Minuta
Tiefe	Głębokość
Tonne	Tona
Unze	Uncja
Volumen	Objętość
Zentimeter	Centymetr
Zoll	Cal

Mode
Moda

Anspruchsvoll	Wyrafinowany
Bescheiden	Skromny
Boutique	Butik
Einfach	Prosty
Elegant	Elegancki
Erschwinglich	Niedrogie
Kleidung	Odzież
Komfortabel	Wygodny
Modern	Nowoczesny
Muster	Wzór
Original	Oryginał
Praktisch	Praktyczny
Spitze	Koronki
Stickerei	Haft
Stil	Styl
Stoff	Tkanina
Tasten	Przyciski
Teuer	Drogi
Textur	Tekstura
Trend	Tendencja

Musik
Muzyka

Album	Album
Ballade	Ballada
Chor	Chór
Harmonie	Harmonia
Harmonisch	Harmoniczny
Improvisieren	Improwizować
Instrument	Instrument
Klassisch	Klasyczny
Lyrisch	Liryczny
Melodie	Melodia
Mikrofon	Mikrofon
Musical	Musical
Musiker	Muzyk
Oper	Opera
Poetisch	Poetycki
Rhythmisch	Rytmiczny
Rhythmus	Rytm
Sänger	Piosenkarz
Singen	Śpiewać
Tempo	Tempo

Musikinstrumente
Instrumenty Muzyczne

Banjo	Banjo
Cello	Wiolonczela
Fagott	Fagot
Flöte	Flet
Geige	Skrzypce
Gitarre	Gitara
Gong	Gong
Harfe	Harfa
Klarinette	Klarnet
Klavier	Pianino
Mandoline	Mandolina
Marimba	Marimba
Mundharmonika	Harmonijka
Oboe	Obój
Posaune	Puzon
Saxophon	Saksofon
Schlagzeug	Perkusja
Tamburin	Tamburyn
Trommel	Bęben
Trompete	Trąbka

Mythologie
Mitologia

Archetyp	Archetyp
Blitz	Piorun
Donner	Grzmot
Eifersucht	Zazdrość
Held	Bohater
Heldin	Bohaterka
Himmel	Niebo
Katastrophe	Katastrofa
Kreation	Kreacja
Kreatur	Stworzenie
Krieger	Wojownik
Kultur	Kultura
Labyrinth	Labirynt
Legende	Legenda
Magisch	Magiczny
Monster	Potwór
Rache	Zemsta
Stärke	Siła
Sterblich	Śmiertelny
Verhalten	Zachowanie

Natur
Przyroda

Arktis	Arktyczny
Berge	Góry
Bienen	Pszczoły
Dynamisch	Dynamiczny
Erosion	Erozja
Fluss	Rzeka
Friedlich	Spokojna
Gletscher	Lodowiec
Heiligtum	Sanktuarium
Heiter	Spokojny
Laub	Liści
Lebenswichtig	Istotne
Nebel	Mgła
Schönheit	Piękno
Schutz	Schronienie
Tiere	Zwierząt
Tropisch	Tropikalny
Wald	Las
Wild	Dziki
Wüste	Pustynia

Obst
Owoce

Ananas	Ananas
Apfel	Jabłko
Aprikose	Morela
Avocado	Awokado
Banane	Banan
Beere	Jagoda
Birne	Gruszka
Brombeere	Jeżyna
Himbeere	Malina
Kirsche	Wiśnia
Kiwi	Kiwi
Kokosnuss	Kokos
Melone	Melon
Nektarine	Nektaryna
Orange	Pomarańczowy
Papaya	Papaja
Pfirsich	Brzoskwinia
Pflaume	Śliwka
Traube	Winogrono
Zitrone	Cytryna

Ozean
Ocean

Aal	Węgorz
Auster	Ostryga
Boot	Łódź
Delfin	Delfin
Fisch	Ryba
Garnele	Krewetka
Gezeiten	Pływy
Hai	Rekin
Koralle	Koral
Krabbe	Krab
Krake	Ośmiornica
Qualle	Meduza
Riff	Rafa
Salz	Sól
Schildkröte	Żółw
Schwamm	Gąbka
Sturm	Burza
Thunfisch	Tuńczyk
Wal	Wieloryb
Wellen	Fale

Ökologie
Ekologia

Art	Gatunek
Berge	Góry
Dürre	Susza
Fauna	Fauna
Flora	Flora
Freiwillige	Wolontariusze
Gemeinschaft	Społeczności
Global	Światowy
Klima	Klimat
Lebensraum	Siedlisko
Marine	Morski
Nachhaltig	Zrównoważony
Natur	Natura
Natürlich	Naturalny
Pflanzen	Rośliny
Ressourcen	Zasoby
Sumpf	Bagno
Überleben	Przetrwanie
Vegetation	Roślinność
Vielfalt	Różnorodność

Pflanzen
Rośliny

Bambus	Bambus
Baum	Drzewo
Beere	Jagoda
Blume	Kwiat
Blütenblatt	Płatek
Bohne	Fasola
Botanik	Botanika
Busch	Krzak
Dünger	Nawóz
Efeu	Bluszcz
Flora	Flora
Garten	Ogród
Gras	Trawa
Kaktus	Kaktus
Kraut	Zioło
Laub	Liści
Moos	Mech
Vegetation	Roślinność
Wald	Las
Wurzel	Źródło

Philanthropie
Filantropia

Brauchen	Potrzeba
Ehrlichkeit	Uczciwość
Finanzieren	Finanse
Gemeinschaft	Społeczność
Geschichte	Historia
Global	Światowy
Grosszügigkeit	Hojność
Gruppen	Grupy
Jugend	Młodzież
Kinder	Dzieci
Kontakte	Łączność
Menschen	Ludzie
Menschheit	Ludzkość
Mission	Misja
Mittel	Fundusze
Nächstenliebe	Dobroczynność
Öffentlich	Publiczny
Programme	Programy
Spenden	Podarować
Ziele	Cele

Physik
Fizyka

Atom	Atom
Chaos	Chaos
Chemisch	Chemiczny
Dichte	Gęstość
Elektron	Elektron
Experiment	Eksperyment
Formel	Formuła
Frequenz	Częstotliwość
Gas	Gaz
Geschwindigkeit	Prędkość
Magnetismus	Magnetyzm
Masse	Masa
Mechanik	Mechanika
Molekül	Cząsteczka
Motor	Silnik
Nuklear	Jądrowy
Partikel	Cząstka
Relativität	Względność
Universal	Uniwersalny
Variable	Zmienna

Psychologie
Psychologia

Bewertung	Ocena
Bewusstlos	Nieprzytomny
Ego	Ego
Einflüsse	Wpływy
Gedanken	Myśli
Ideen	Pomysły
Kindheit	Dzieciństwo
Klinisch	Kliniczny
Kognition	Poznanie
Konflikt	Konflikt
Persönlichkeit	Osobowość
Problem	Problem
Sensation	Uczucie
Termin	Spotkanie
Therapie	Terapia
Träume	Marzenia
Unterbewusstsein	Podświadomy
Verhalten	Zachowanie
Wahrnehmung	Postrzeganie
Wirklichkeit	Rzeczywistość

Regierung
Rząd

Bezirk	Dzielnica
Demokratie	Demokracja
Denkmal	Pomnik
Diskussion	Dyskusja
Freiheit	Wolność
Friedlich	Spokojna
Führer	Lider
Gesetz	Prawo
Gleichheit	Równość
Justiziell	Sądowy
Nation	Naród
National	Krajowe
Politik	Polityka
Rechte	Prawa
Rede	Mowa
Staat	Stan
Symbol	Symbol
Unabhängigkeit	Niezależność
Verfassung	Konstytucja
Zivil	Cywilny

Restaurant #2
Restauracja # 2

Abendessen	Obiad
Eier	Jaja
Eis	Lód
Fisch	Ryba
Frucht	Owoc
Gabel	Widelec
Gemüse	Warzywa
Getränk	Napój
Gewürze	Przyprawy
Kellner	Kelner
Köstlich	Pyszny
Kuchen	Ciasto
Löffel	Łyżka
Nudeln	Makaron
Salat	Sałatka
Salz	Sól
Stuhl	Krzesło
Suppe	Zupa
Vorspeise	Przystawka
Wasser	Woda

Säugetiere
Ssaki

Affe	Małpa
Bär	Niedźwiedź
Biber	Bóbr
Elefant	Słoń
Fuchs	Lis
Giraffe	Żyrafa
Gorilla	Goryl
Hund	Pies
Känguru	Kangur
Kojote	Kojot
Löwe	Lew
Panther	Pantera
Pferd	Koń
Ratte	Szczur
Schaf	Owce
Stier	Byk
Tiger	Tygrys
Wal	Wieloryb
Wolf	Wilk
Zebra	Zebra

Schönheit
Piękno

Anmut	Łaska
Charme	Urok
Dienstleistungen	Usługi
Duft	Zapach
Elegant	Elegancki
Eleganz	Elegancja
Farbe	Kolor
Fotogen	Fotogeniczny
Glatt	Gładki
Haut	Skóra
Kosmetik	Kosmetyki
Lippenstift	Szminka
Locken	Loki
Öle	Oleje
Produkte	Produkty
Schere	Nożyczki
Shampoo	Szampon
Spiegel	Lustro
Stylist	Stylista
Wimperntusche	Tusz do Rzęs

Science Fiction
Fantastyka Naukowa

Bücher	Książki
Dystopie	Dystopia
Explosion	Wybuch
Extrem	Skrajny
Fantastisch	Fantastyczny
Feuer	Ogień
Futuristisch	Futurystyczny
Galaxie	Galaktyka
Geheimnisvoll	Tajemniczy
Illusion	Iluzja
Imaginär	Wyimaginowany
Kino	Kino
Orakel	Wyrocznia
Planet	Planeta
Realistisch	Realistyczny
Roboter	Roboty
Szenario	Scenariusz
Technologie	Technologia
Utopie	Utopia
Welt	Świat

Sport
Sport

Athlet	Atleta
Ausdauer	Wytrzymałość
Diät	Dieta
Ernährung	Odżywianie
Fähigkeit	Zdolność
Gesundheit	Zdrowie
Joggen	Jogging
Knochen	Kości
Körper	Ciało
Maximieren	Wyolbrzymiać
Metabolisch	Metaboliczne
Muskel	Mięśnie
Programm	Program
Radfahren	Kolarstwo
Schwimmen	Pływać
Sport	Sporty
Stärke	Siła
Tanzen	Taniec
Trainer	Trener
Ziel	Cel

Sport
Sporty

Athlet	Atleta
Baseball	Baseball
Basketball	Koszykówka
Bewegung	Ruch
Eishockey	Hokej
Fahrrad	Rower
Gewinner	Zwycięzca
Golf	Golf
Gymnasium	Gimnazjum
Gymnastik	Gimnastyka
Mannschaft	Zespół
Meisterschaft	Mistrzostwo
Schiedsrichter	Sędzia
Schwimmen	Pływać
Spiel	Gra
Spieler	Gracz
Stadion	Stadion
Tennis	Tenis
Trainer	Trener

Stadt
Miasto

Apotheke	Apteka
Bank	Bank
Bäckerei	Piekarnia
Bibliothek	Biblioteka
Blumenhändler	Kwiaciarz
Buchhandlung	Księgarnia
Flughafen	Lotnisko
Galerie	Galeria
Hotel	Hotel
Kino	Kino
Klinik	Klinika
Markt	Rynek
Museum	Muzeum
Restaurant	Restauracja
Schule	Szkoła
Stadion	Stadion
Supermarkt	Supermarket
Theater	Teatr
Universität	Uniwersytet
Zoo	Zoo

Tage und Monate
Dni i Miesiące

August	Sierpień
Dezember	Grudzień
Dienstag	Wtorek
Donnerstag	Czwartek
Februar	Luty
Freitag	Piątek
Jahr	Rok
Januar	Styczeń
Juli	Lipiec
Juni	Czerwiec
Kalender	Kalendarz
Mittwoch	Środa
Monat	Miesiąc
Montag	Poniedziałek
November	Listopad
Oktober	Październik
Samstag	Sobota
September	Wrzesień
Sonntag	Niedziela
Woche	Tydzień

Tanzen
Taniec

Akademie	Akademia
Anmut	Łaska
Ausdrucksvoll	Wyrazisty
Bewegung	Ruch
Choreographie	Choreografia
Emotion	Emocja
Freudig	Radosny
Haltung	Postawa
Klassisch	Klasyczny
Körper	Ciało
Kultur	Kultura
Kulturell	Kulturalny
Kunst	Sztuka
Musik	Muzyka
Partner	Partner
Probe	Próba
Rhythmus	Rytm
Springen	Skok
Traditionell	Tradycyjny
Visuell	Wizualny

Tugenden #1
Cnoty # 1

Bescheiden	Skromny
Charmant	Uroczy
Effizient	Wydajny
Entscheidend	Decydujący
Geduldig	Pacjent
Grosszügig	Hojny
Gut	Dobry
Hilfreich	Pomocny
Intelligent	Inteligentny
Komisch	Zabawny
Künstlerisch	Artystyczny
Leidenschaftlich	Namiętny
Neugierig	Ciekawy
Praktisch	Praktyczny
Sauber	Czysty
Unabhängig	Niezależny
Weise	Mądry
Zuverlässig	Niezawodny
Zuversichtlich	Pewni

Universum
Wszechświat

Asteroid	Asteroida
Astronom	Astronom
Astronomie	Astronomia
Atmosphäre	Atmosfera
Äon	Eon
Äquator	Równik
Dunkelheit	Ciemność
Galaxie	Galaktyka
Hemisphäre	Półkula
Himmel	Niebo
Himmlisch	Niebiański
Horizont	Horyzont
Kosmisch	Kosmiczny
Mond	Księżyc
Orbit	Orbita
Sichtbar	Widoczny
Solar	Słoneczny
Sonnenwende	Przesilenie
Teleskop	Teleskop
Tierkreis	Zodiak

Urlaub #2
Wakacje # 2

Ausländer	Cudzoziemiec
Ausländisch	Zagraniczny
Berge	Góry
Camping	Kemping
Flughafen	Lotnisko
Freizeit	Wypoczynek
Hotel	Hotel
Insel	Wyspa
Karte	Mapa
Meer	Morze
Pass	Paszport
Reise	Podróż
Restaurant	Restauracja
Strand	Plaża
Taxi	Taxi
Transport	Transport
Urlaub	Wakacje
Visum	Wiza
Zelt	Namiot
Zug	Pociąg

Vögel
Ptaki

Adler	Orzeł
Ei	Jajko
Ente	Kaczka
Eule	Sowa
Flamingo	Flaming
Gans	Gęś
Huhn	Kurczak
Krähe	Wrona
Kuckuck	Kukułka
Möwe	Mewa
Papagei	Papuga
Pelikan	Pelikan
Pfau	Paw
Pinguin	Pingwin
Rabe	Kruk
Reiher	Czapla
Schwan	Łabędź
Spatz	Wróbel
Storch	Bocian
Taube	Gołąb

Wandern
Turystyka Piesza

Berg	Góra
Camping	Kemping
Führer	Przewodniki
Gefahren	Zagrożenia
Gipfel	Szczyt
Karte	Mapa
Klima	Klimat
Klippe	Klif
Müde	Zmęczony
Natur	Natura
Orientierung	Orientacja
Schwer	Ciężki
Sonne	Słońce
Steine	Kamienie
Stiefel	Buty
Tiere	Zwierząt
Vorbereitung	Przygotowanie
Wasser	Woda
Wetter	Pogoda
Wild	Dziki

Wetter
Pogoda

Atmosphäre	Atmosfera
Blitz	Piorun
Brise	Bryza
Donner	Grzmot
Dürre	Susza
Eis	Lód
Himmel	Niebo
Hurrikan	Huragan
Klima	Klimat
Monsun	Monsun
Nebel	Mgła
Polar	Polarny
Regenbogen	Tęcza
Sturm	Burza
Temperatur	Temperatura
Tornado	Tornado
Trocken	Suchy
Tropisch	Tropikalny
Wind	Wiatr
Wolke	Chmura

Wissenschaft
Nauki Ścisłe

Atom	Atom
Chemisch	Chemiczny
Daten	Dane
Evolution	Ewolucja
Experiment	Eksperyment
Fossil	Skamieniałość
Hypothese	Hipoteza
Klima	Klimat
Labor	Laboratorium
Methode	Metoda
Mineralien	Minerały
Moleküle	Cząsteczki
Natur	Natura
Organismus	Organizm
Partikel	Cząstki
Pflanzen	Rośliny
Physik	Fizyka
Schwerkraft	Grawitacja
Tatsache	Fakt
Wissenschaftler	Naukowiec

Wissenschaftliche Disziplinen
Dyscypliny Naukowe

Anatomie	Anatomia
Archäologie	Archeologia
Astronomie	Astronomia
Biochemie	Biochemia
Biologie	Biologia
Botanik	Botanika
Chemie	Chemia
Geologie	Geologia
Immunologie	Immunologia
Kinesiologie	Kinezjologia
Mechanik	Mechanika
Meteorologie	Meteorologia
Mineralogie	Mineralogia
Neurologie	Neurologia
Ökologie	Ekologia
Physiologie	Fizjologia
Psychologie	Psychologia
Soziologie	Socjologia
Thermodynamik	Termodynamika
Zoologie	Zoologia

Zahlen
Liczby

Acht	Osiem
Achtzehn	Osiemnaście
Dezimal	Dziesiętny
Drei	Trzy
Dreizehn	Trzynaście
Eins	Jeden
Fünf	Pięć
Fünfzehn	Piętnaście
Neun	Dziewięć
Null	Zero
Sechs	Sześć
Sechzehn	Szesnaście
Sieben	Siedem
Siebzehn	Siedemnaście
Vier	Cztery
Vierzehn	Czternaście
Zehn	Dziesięć
Zwanzig	Dwadzieścia
Zwei	Dwa
Zwölf	Dwanaście

Zeit
Czas

Gestern	Wczoraj
Heute	Dzisiaj
Jahr	Rok
Jahrhundert	Stulecie
Jahrzehnt	Dekada
Jährlich	Roczne
Jetzt	Teraz
Kalender	Kalendarz
Minute	Minuta
Mittag	Południe
Monat	Miesiąc
Morgen	Rano
Nach	Po
Nacht	Noc
Stunde	Godzina
Tag	Dzień
Uhr	Zegar
Vor	Przed
Woche	Tydzień
Zukunft	Przyszłość

Zirkus
Cyrk

Affe	Małpa
Akrobat	Akrobata
Ballons	Balony
Clown	Klaun
Elefant	Słoń
Fahrkarte	Bilet
Jongleur	Żongler
Kostüm	Kostium
Löwe	Lew
Magie	Magia
Musik	Muzyka
Parade	Parada
Spektakulär	Spektakularny
Tiere	Zwierząt
Tiger	Tygrys
Trick	Sztuczka
Zauberer	Magik
Zeigen	Pokazać
Zelt	Namiot
Zuschauer	Widz

Zu Füllen
Do Wypełnienia

Becken	Basen
Box	Pudełko
Eimer	Wiadro
Fass	Beczka
Flasche	Butelka
Karton	Karton
Kiste	Skrzynia
Koffer	Walizka
Korb	Kosz
Krug	Słoik
Mappe	Folder
Paket	Pakiet
Rohr	Rura
Schiff	Naczynie
Schublade	Szuflada
Tablett	Taca
Tasche	Torba
Umschlag	Koperta
Vase	Wazon
Wanne	Wanna

Gratuliere

Sie haben es geschafft !!

Wir hoffen, dass euch dieses Buch genauso viel Spaß gemacht hat wie uns dessen Herstellung. Wir tun unser Bestes, um qualitativ hochwertige Spiele zu erfinden. Diese Rätsel sind auf eine clevere Art und Weise entworfen, damit sie aktiv lernen und daran Vergnügen finden.

Hat ihnen das Buch gefallen ?

Eine einfache Bitte

Unsere Bücher existieren dank der Rezensionen, die sie veröffentlichen. Können sie uns helfen indem sie jetzt eine Meinung hinterlassen ?

Hier ist ein kurzer Link, der Sie zu ihrer Bewertungsseite führt

 BestBooksActivity.com/Rezension50

MONSTER HERAUSFÖRDERUNGEN !

Herausförderung 1

Bereit für ihr Bonusspiel? Wir verwenden sie ständig, aber sie sind nicht einfach zu finden. Es sind die Synonyme !

Notieren sie 5 Wörter, die sie in den untenstehenden Rätseln (Nummer 21, 36 und 76) entdeckt haben und versuchen sie für jedes Wort 2 Synonyme zu finden .

Notieren sie 5 Wörter aus **Rätsel 21**

Wörter	Synonym 1	Synonym 2

Notieren sie 5 Wörter aus **Rätsel 36**

Wörter	Synonym 1	Synonym 2

Notieren sie 5 Wörter aus **Rätsel 76**

Wörter	Synonym 1	Synonym 2

Herausförderung 2

Jetzt, wo sie warm sind, notieren sie 5 Wörter, die sie in jedem der untenaufgeführten Rätseln entdeckt haben (Nummer 9, 17 und 25) und versuchen sie für jedes Wort 2 Antonyme zu finden. Wie viele davon können sie binnen 20 Minuten finden ?

Notieren sie 5 Wörter aus **Rätsel 9**

Wörter	Antonym 1	Antonym 2

Notieren sie 5 Wörter aus **Rätsel 17**

Wörter	Antonym 1	Antonym 2

Notieren sie 5 Wörter aus **Rätsel 25**

Wörter	Antonym 1	Antonym 2

Herausförderung 3

Wunderbar, diese Monster Herausförderung 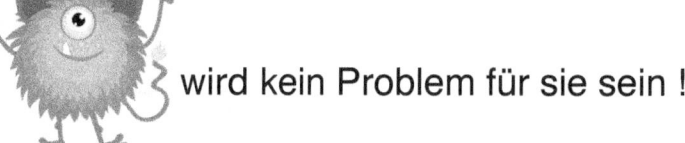 wird kein Problem für sie sein !

Bereit für die letzte Herausförderung? Wählen sie ihre 10 Lieblingswörter aus, die sie in einem Rätsel entdeckt haben und notieren sie sie unten.

1.	6.
2.	7.
3.	8.
4.	9.
5.	10.

Die Aufgabe besteht nun darin mit diesen Wörtern und in maximal sechs Sätzen einen Text herzustellen über eine Person, ein Tier oder ein Ort den sie lieben !

Tipp : sie können die letzten leeren Seiten dieses Buches als Entwurf verwenden

Ihr Schreiben :

NOTIZBUCH :

AUF BALDIGES WIEDERSEHEN !

Linguas Classics